本书由江苏高校"青蓝工程"中青年学术带头人项目资助

The Development Path of Informatization Teaching Ability of College Teachers in the Era of Smart Education

智慧教育时代高校教师信息化教学能力的发展路径研究

金 晶/著

东南大学出版社
SOUTHEAST UNIVERSITY PRESS
·南京·

图书在版编目(CIP)数据

智慧教育时代高校教师信息化教学能力的发展路径研究 / 金晶著. — 南京：东南大学出版社，2023.7
 ISBN 978-7-5766-0660-7

Ⅰ.①智… Ⅱ.①金… Ⅲ.①高等学校-计算机辅助教学-教学能力-师资培养-研究 Ⅳ.①G434

中国版本图书馆 CIP 数据核字(2022)第 249090 号

责任编辑：胡　炼　　责任校对：张万莹　　封面设计：余武莉　　责任印制：周荣虎

智慧教育时代高校教师信息化教学能力的发展路径研究
Zhihui Jiaoyu Shidai Gaoxiao Jiaoshi Xinxihua Jiaoxue Nengli De Fazhan Lujing Yanjiu

著　者	金　晶
出版发行	东南大学出版社
出 版 人	白云飞
社　　址	南京四牌楼2号　邮编：210096
网　　址	http://www.seupress.com
经　　销	全国各地新华书店
印　　刷	广东虎彩云印刷有限公司
开　　本	700 mm×1000 mm　1/16
印　　张	10.5
字　　数	203千字
版　　次	2023年7月第1版
印　　次	2023年7月第1次印刷
书　　号	ISBN 978-7-5766-0660-7
定　　价	59.00元

本社图书若有印装质量问题，请直接与营销部联系。电话(传真)：025-83791830

前　言

智慧教育是我国教育信息化发展的重要目标和实现路径。以人工智能、区块链、大数据等为代表的信息技术催生了新业态和新模式，对教育的革命性影响日趋明显，前所未有地深刻改变着当今的教育形态和教学模式。作为教育信息化的高端形态，智慧教育致力于构建智慧学习环境、探索新型教学模式、建立现代教育制度，通过数据导向为学习者提供丰富而有差异的学习体验，从而真正实现每一个学生自由而充分的发展。如何应对新时代社会需求和教育模式的新探索，促进高校教师专业能力的发展，以此来适应教育信息化进程中教育教学的变化，满足教育信息化对高校教师专业能力提出的新要求，是高等教育事业面临的全新课题。

本书以江苏省教育科学"十三五"规划重点课题立项为契机，以智慧教育时代高校教师信息化教学能力的理论解构为切入点，阐释整合技术的学科教学知识（Technological Pedagogical Content Knowledge，TPACK）理论框架下的教师信息化教学能力内涵，以及智慧教育时代高校教师信息化教学能力的知能结构变化；结合高校教师信息化教学能力发展的过程性回顾和结构性回顾，分析高校教师信息化教学能力发展的演进趋势；展现智慧教育时代高校教师信息化教学能力的发展现状、发展困境及影响因素，并对高校教师信息化教学胜任力进行评估；借鉴不同国家高校教师信息化教学能力培养的发展经验，提出智慧教育时代高校教师信息化教学能力的发展目标及模式选择，构建智慧教育时代高校教师信息化教学能力的发展路径和发展机制。

本书在以下三个方面具备一定的特色：在研究内容方面，分析了高校教师信息化教学能力的构成要素、影响因素和发展现状，重点就内涵探讨、维度划分以及提升策略进行阐述，剖析了智慧教育时代高校教师信息化教学能力的核心内涵和能力构成，提供了可资借鉴的分析框架和理论基础。在研究方法方面，对江苏省高校教师信息化教学能力开展调研，采用问卷调查、座谈、学习反思等研究方式，收集分析数据，总结教师信息化教学能力的发展现状和存在的问题，剖析影响高校教师信息化教学能力发展的影响因素。在研究视角方面，在国际视野中比较分析教师信息化教学能力的相关研究，尤其针对教师相关教育技术能力培训项目以及通用教师教育技术能力标准等方面，分析国际的研究现状和发展经验，为促进教师信息化教学能力发展提供了国际化视野下的参照与借鉴，形成以促进学生发展为目标、以高校为主体、由社会共同参与的教师信息化教学能力发展体系。

筚路蓝缕启山林，栉风沐雨砥砺行。研究过程中，李成星、朱睿、陈晓娴、刘晓璇、苏钰瑶、王雨欣参与了数据调研分析和各章节的写作编著，给予了有益的协助和支持，在此表示感谢。由于时间仓促、数据来源限制，书中难免存在缺陷和待完善之处，恳请各位同仁和读者给予批评指正，以使研究内容不断修改完善和持续深化。

编者

2023 年 6 月

目 录

第一章 绪 论 ……………………………………………………… 001
  一、问题的缘起 ………………………………………………… 001
  二、国内外研究综述 …………………………………………… 005
  三、关键概念与术语界定 ……………………………………… 008
  四、研究思路、研究内容与研究方法 ………………………… 012

第二章 智慧教育时代高校教师信息化教学能力的理论解构 ……… 016
  一、TPACK 理论框架下的教师信息化教学能力阐释 ………… 017
  二、智慧教育时代高校教师信息化教学能力的内涵解构 …… 022
  三、智慧教育时代高校教师信息化教学能力的知能结构变化 ……… 026

第三章 高校教师信息化教学能力发展的历史变迁 ………………… 030
  一、高校教师信息化教学能力发展的过程性回顾 …………… 032
  二、高校教师信息化教学能力发展的结构性回顾 …………… 045
  三、高校教师信息化教学能力发展的演进趋势 ……………… 058

第四章 高校教师信息化教学能力的胜任力评估 …………………… 064
  一、智慧教育时代高校教师信息化教学能力的发展现状 …… 065
  二、智慧教育时代高校教师信息化教学能力的影响因素 …… 072
  三、智慧教育时代高校教师信息化教学胜任力评估 ………… 084

第五章　高校教师信息化教学能力培养的国际比较 …………… 101

一、高校教师信息化教学能力培养的国际发展情况 ………… 101

二、高校教师信息化教学能力培养的国际比较 ……………… 112

三、高校教师信息化教学能力培养的国际启示 ……………… 120

第六章　智慧教育时代高校教师信息化教学能力的发展路径 ………… 128

一、智慧教育时代高校教师信息化教学能力的发展目标 …… 129

二、智慧教育时代高校教师信息化教学能力的发展模式选择 ……… 138

三、智慧教育时代高校教师信息化教学能力的发展路径选择 ……… 142

四、智慧教育时代高校教师信息化教学能力的发展机制构建 ……… 148

参考文献 ……………………………………………………………… 156

第一章

绪 论

一、问题的缘起

(一) 智慧教育引领中国高等教育现代化的发展方向

1. 智慧教育时代明确了高等教育向更高质量发展的焦点趋势和重要方向

新一轮科技革命和产业转型加速推进,在创新发展和技术进步驱动下,数字技术愈发成为驱动人类社会思维方式、组织架构和运作模式发生根本性变革、全方位重塑的引领力量,为高等教育创新路径、重塑形态、推动发展提供了新的重大机遇与挑战。2022年9月召开的联合国教育变革峰会将高质量数字学习列为五大行动领域之一,中国在"国家承诺声明"中表示:将进一步实施国家教育数字化战略行动,丰富数字教育资源供给,构建广泛、开放的学习环境,加快推进不同类型、不同层次学习平台资源共享,推进新技术与教育学习相融合,加快推动教育的智慧转型。2022年10月16日中国共产党第二十次全国代表大会明确提出:"教育、科技、人才是全面建设社会主义现代化国家的基础性、战略性支撑""推进教育数字化,建设全民终身学习的学习型社会、学习型大国",教育在全面建设社会主义现代化国家过程中的重大意义得到充分肯定,智慧教育已成为建设教育强国的重要基础。

2. 智慧教育时代形成了基于开放理念的高等教育资源共享环境

智慧教育时代对高等教育领域产生着深刻的影响。2018年教育部启动教育信息化2.0行动计划,2019年中共中央、国务院印发《中国教育现代化2035》,要求"加快信息化时代教育变革",中国教育信息化进入高速发展新时代。2023年2月中华人民共和国教育部和中国联合国教科文组织全国委员会共同主办了世界数字教育大会,以"数字变革与教育未来"为主题,围绕数字化转型、数字学习资源开发与应用、师生数字素养提升、教育数字治理等开展研讨，发布了中国智慧教育蓝皮书和智慧教育发展指数。将大数据、智能化、移动互联网和云计算的技术手段、发展成果与高等教育深度融合，推动高等教育的教学技术进步、教学效率提升和教学形式变革，形成全新的以"大智移云"为依托和核心要素的教育发展新形态。在此进程中，高等教育教学资源的建设、使用、管理的共享环境发生了深刻变革，学习的方式方法、知识的传播速度、资源的使用效能都得到了极大提升，基于开放理念的高等教育资源共享环境应运而生，并为中国高等教育的发展提供了更好的建设平台和发展空间。

3. 智慧教育时代推动着高等教育理念更新、模式变革与体系重构

智慧教育作为教育系统性变革的内生变量，推动着高等教育理念更新、模式变革与体系重构。高等教育人才培养模式变革应与时俱进，面向教育现代化的全球发展趋势做出积极调整。2012年教育部印发的《教育信息化十年发展规划（2011—2020）》首次对我国教育信息化发展做出部署，之后教育部发布的《教育信息化"十三五"规划》（教技〔2016〕2号）、《教育信息化2.0行动计划》（教技〔2018〕6号）等相关政策，进一步丰富了智慧教育的内涵，推进教育信息化迈入新的发展阶段。2021年颁布的《"十四五"国家信息化规划》明确指出："对高等教育，应注重利用信息化促进科教融合，加强人工智能等技术应用，促进数据驱动的科研范式转型，逐步建立以创新为导向的高校科技评价体系。实行基于大数据的综合评价，营造良好的学术氛围。探索网络化、开放式协同创新联盟机制，扩大服务范围和服务对象，为地方经济社会发展培育新动能。"智慧教育时代，新兴技术与高等教育深度融合，教育理念、标准、方法、技术的变革融入高校办学全过程，高等教育在智慧教育时代迎来新的发展机遇。

（二）智慧教育促进高等教育发展变革与人才培养创新

1. 智慧教育时代激发高校创新创业人才培养的更高目标

智慧教育时代给创新创业人才培养明确了更高的目标要求。《国家中长期教育改革和发展规划纲要（2010—2020年）》指出："高等教育承担着培养高级专门人才、发展科学技术文化、促进社会主义现代化建设的重大任务。"高等教育正迎来数字化转型所带来的模式变革。知识生产与传播主体

逐渐向多元化发展，传统的人才培养模式受到挑战，知识存储和组织形式更加碎片化，学生长期学习的碎片化知识会给深度和系统性学习带来麻烦。因此，新技术为高等教育带来的机遇伴随着风险与挑战。在此发展过程中，高等教育创新人才的培养需要具备较为先进的引领能力，能够为社会主义现代化强国建设做出贡献，也能够在未来社会文明的发展中发挥积极作用。高等教育必须不断提升信息意识，准确把握新时代大学生信息化的时代特征，加强对学习者认知和学习行为规律的研究，探索基于信息技术的新型教学模式，为未来信息化社会培养出勇于创新和善于实践的高素质人才。

2. 智慧教育时代形塑高校教师信息化教学能力的更高要求

社会的飞速发展对人才的要求越来越高，尤其是对创新型人才的要求越来越高，高校教师面临更严峻挑战：教师的专业化发展、教育与技术的融合、教师与学生角色的变化、社会环境的变革等，给高校教师对人才培养提出了更高、更新的要求。教育信息化进入智慧教育阶段，智慧教育在"互联网＋"等技术支持下，开始从理论走进现实。对于高层次人群的培养，高校教师是落实培养的关键，教师的信息化教学能力开始发生了转变。智慧教育的核心是对创新人才的培养，要求培养学生的学习能力、整合信息媒体与技术的能力、创新和创造能力、合作和沟通能力、思考能力等，要求高校教师除了具备专业知识外，还要具备一定的创新和创造能力，通过创新教育培养学生的创新能力和意识。因此，在智慧教育背景下，对教师信息化教学能力提出了不同于以往的更高要求。

3. 智慧教育时代助力高等教育事业的更强发展

在信息化背景下，智慧教育成为推动教育改革发展的重要动力。基于智慧教育的模式与发展特点，对传统教育模式进行解构与重构，让教育教学活动更适应当代教育教学发展的要求，并符合未来发展趋势。信息技术是智慧教育的基础，智慧教育强调对计算机、互联网、人工智能等技术的应用，通过信息技术应用让教育教学活动更有针对性、更高效，并且呈现出高度智能化的特点，从而推动教育事业发展。高校教师在教学活动中承担着组织与引导作用，对教师信息化教学能力进行针对性的培养有利于促进智慧教育事业的发展。

（三）智慧教育激发高校教师信息化教学能力的提升与发展

1. 智慧教育时代信息化教学能力是高校教师专业发展的重要组成部分

在智慧教育时代，信息化教学能力已经成为影响教师专业发展的重要因素，也是促进其信息化科研与学术能力发展的基础，更是培养具有创新能力的大学生的根基。智慧教育的发展促使高校教师必须具有创新性教学思维和技能，利用信息化教学手段，培养与时俱进的创造型人才以实现其自身价值。从教育者和受教育者角度，智慧教育背景下高校教师信息化教学能力面临不同于以往的更新和更高的要求。教师的信息化教学方式、思维方式、知识结构建设等亟须转变，其直接影响着高校教师的教学质量。信息化教学能力毋庸置疑是高校教师专业发展的重要因素和组成部分，是现代教师专业发展中必备的综合素质能力。

2. 智慧教育时代高校教师教学能力发展面临深刻的技术变革与挑战

智慧教育时代新兴技术融入教育领域，学习环境在技术驱动下走向开放、面向智能。与之相应的高校教师教学能力的核心要素、标准框架、发展路径等关键问题都亟需做出创新性回应。高校教师教学能力发展面临的深刻技术变革与挑战，评判高校教师队伍面对复杂学习环境的信息化教学能力短板，构建与信息社会人类学习方式相适应的教师教学能力发展新体系，对拓展新时代背景下中国教师信息化教学能力的理论内涵，实现以信息化为引领的中国教育现代化发展路径，具有重要的学术价值。同时，智慧教育时代高校教师信息化教学能力评估与提升策略的分析结果，为高校教师信息化教学能力的培养提供了参考依据和实践范本，对于有效促进高校教师专业能力成长与职业生涯可持续发展，推动高校人才培养目标向适应信息时代要求的转变，实现高校信息化教育教学实践的供给侧改革，具有重要的实践价值。

3. 智慧教育时代促使高校教师信息化教学能力的全面升级

智慧教育时代对高校教师发展产生重要影响，是新时代高校教师发展无法回避的社会现实存在。一方面，智慧教育时代拓展了教育系统中各个要素领域，打破了原有单一的学习资源时空边际和获取渠道，提供了更多的教育机会和资源，削弱了地理位置和社会经济条件给学习者带来的限制，包括但不限于在智慧教育环境下逐步推进教育公平，在信息芜杂的虚拟环境中保持教育的品质，以及推陈出新，摆脱传统教育体系的桎梏，构造创新、富有活力的教学模式。另一方面，教师教学能力被不断赋予新的内涵，其教育教学手段、教学素养和专业技能都亟需做出创新性回应。智慧教育时代高校教师需要不断适应时代发展对高等教育的新要求，更新教学模式、教育理念及教学方法，在教学实践中不断提升信息化教学素养；与此同时需要积极运用信息化技术改进教学手段，适应教育变革时代的全新发展要求，这也是教师应对智慧教育时代挑战的必然选择。

二、国内外研究综述

(一) 智慧教育的国内外研究现状

国内研究"智慧教育"起步很晚。2000年，《广州大学学报》上第一次出现以"智慧教育"为题的文章，随后学者们围绕智慧教育的体系架构、教育环境和模式创新等方面开展研究。如：余胜泉认为随着智慧教育的发展，在智慧教育环境构建的过程中，教学将由知识传递型转变为认知建构型，教学组织形式越来越多地体现出线上和线下双重融合的特点，大规模网络开放，课程将融入学校教育，学习将由被动学习转为主动学习，并且个性化和真实生活体验将成为学习的重要特征[1]。陈琳认为在智慧教育时代构建智慧型课程是智慧教育的核心，而智慧型课程的核心在于教学模式改革，进而提出"融创式智慧教学模式"[2]。蔡宝来认为有三种典型的智慧教学模式，分别是个性化教学模式、情景化教学和混合式教学[3]。

在实践方面，教育部2012年印发的《教育信息化十年发展规划（2011—2020年）》中提出"充分发挥现代信息技术优势，注重信息技术与教育的全面深度融合"。2013年北京市海淀区政府根据数字化校园到智慧化校园的发展状况，提出构建智慧教育环境、提供智慧化服务、建设五个保障系统的建设规划。之后南京市也开始探究"智慧校园"转型发展的路径，提出智慧资源平台搭建、智慧教学范式转变、智慧创新应用探索、基于智能设备的教育实践等政策建议。

---

[1] 余胜泉. 智慧课堂核心是促进深度学习[J]. 新华文摘, 2021 (18): 114-115.
[2] 陈琳. 走向智慧时代的教育信息化发展三大问题[J]. 新华文摘, 2018 (7): 165.
[3] 蔡宝来. 教育信息化2.0时代的智慧教学：理念、特质及模式[J]. 中国教育学刊, 2019 (11): 56-61.

2018年中国教育部颁布文件《教育部2018年工作要点》，明确提出要加大加快推进教育信息化，同时启动教育信息化2.0行动计划，并首次在国家层面提出要推进智慧教育创新示范区。同年4月，教育部印发了《教育信息化2.0行动计划》，强调教育信息化是顺应智能时代下教育发展的重要选择，并提出实施"智慧教育创新发展行动"，积极开展智慧教育示范、构建智慧教育环境、加速建设面向下一代网络的高校智能学习体系、加强智能教育下的学术共同体和学科专业建设。2019年教育部办公厅出台《教育部办公厅关于"智慧教育示范区"建设项目推荐遴选工作的通知》，同年4月教育部遴选出北京市东城区等8个"智慧教育示范区"创建区域，江苏苏州等2个"智慧教育示范区"培育区域。

国外对智慧教育的研究较为系统和深入。美国布朗大学教授Simmons表达了对智慧教育系统的愿景，提出智慧教育具备灵活、高效等特点，有助于受教育者教育环境的改善和接受度的提升。美国IBM公司指出智慧教育的五个典型特点：给学生提供自适应学习项目和档案袋，提供协同技术和数字化学习与教学资源，电子化的管理、监控和报告，为学习者提供及时有效的信息，在线学习资源丰富。韩国教育界普遍认可的智慧教育特征为：自我导向、激励、自适应、丰富的资源和技术融入等。同时，许多国家都将智慧教育作为教育发展的重大战略。美国自1996年开始稳步制定和推进国家教育信息化发展战略，在2010年的"NETP"计划（国家教育技术计划）中侧重利用信息技术构建技术支持下的21世纪学习模型，全面提升技术与教育（学习、评价、教学、设施和绩效五大要素）的深度融合。马来西亚自1996年开始实施"智慧学校"（Smart School）计划，积极促成课程、教学法、评量和教材等方面的变革，此计划预计在2020年全面落实完成。新加坡2006年宣布"iN2015"计划，力图在2015年之前在全国各行各业构建一个信息技术通信生态系统，智慧教育成为该计划的重要组成部分，2014年在该计划完成之际又稳步推进了"智慧国家2025计划"，兴建"未来学校"和"教育实验室"。韩国于2011年在其高度发达的信息通信技术基础上颁布了智能教育推进战略，计划到2015年所有中小学以数字教科书取代纸质教科书，并于2012年兴建四所智能学校。

（二）教师信息化能力的国内外研究现状

我国教师信息化教学能力培养的实践与理论研究均起步较晚。实践层面：2004年我国发布了《中小学教师教育技术能力标准（试行）》。2013年，教育部在全国范围内启动"中小学教师信息技术应用能力提升工程"。随后《中小学教师信息技术应用能力标准（试行）》和《中小学教师信息技术应用能力测评指南》相继颁布，从而推动了我国信息化教育的发展步伐。但目前尚未出台关于高校教师教育技术能力的标准。理论层面：重在探究构建信息化教学能力的培养策略、培养途径和发展模式。如：康巍巍提出重塑自身定位、以学促教、构建高校教师在线联盟合作模式等途径，提高高校教师的专业发展水平[1]。许芳杰认为：提升教师的数据智慧，是大数据时代教师专业发展的路径[2]。王鑫从分析教育系统性变革的内外动力出发，提出在"互联网＋教育"的背景下，教师应通过终身学习、合作学习来适应"互联网＋教育"时代对高校教师综合素质的要求[3]。

世界各国在提升教师信息化教学能力方面开展了大量理论与实践探索。实践层面：国外对教师信息化教学能力的培养主要依托于国家层面的教师教育项目。如美国1999年提出了未来教师使用技术培训PT3项目，用以帮助教师使用信息技术进行教学；并四次修订了《面向教师的美国国家教育技术标准》，使其成为教师信息化教育的标准典范。英国1998年启动ICT (Information Communication Technology) 项目，对教师进行信息与通信技术培训。政府颁发的《ICT应用于学科教学的教师能力标准》提出了对学科教师信息化教学能力的要求。新加坡1997年实施教育信息化总体设计规划MP，鼓励校企合作，以帮助教师提高信息技术环境下的教学设计能力。日本2001年制订E-Japan战略计划，重视学科指导中的教师ICT活用能力，培养ICT支援人员，开展地方和大学的ICT培训来提升教师信息化教学水平。韩国2000年发表了"教育信息化综合发展方案"，要求每位教师每3年接受一次ICT职务进修。澳大利亚、德国等国家也相继开展教育信息化培养项目，并制定了教育信息化技术标准，为研究积累了丰富的实践案例。理论层面：国外学者提出了优化教师信息化教学能力的策略，如Samira Shah从学生和老师两个方面进行调研分析，提出加大信息化教学环境建设的财政拨款力度，

---

[1] 康巍巍. 大数据时代下的高校教师专业发展 [J]. 教育与职业, 2016 (15): 46-47.
[2] 许芳杰. 数据智慧：大数据时代教师专业发展新路向 [J]. 中国电化教育, 2016 (10): 18-23.
[3] 王鑫. "互联网＋教育"背景下高校教师专业发展路径 [J]. 继续教育研究, 2017 (1): 92-94.

全面促进教师学习和掌控现代教育技术。Hagerman 认为培养教师现代教育素养，对提升其教育技术应用水平有重要影响。Prensky 认为数字经济时代应培养教师的在线学习能力，进而提升教师课程教学设计、资源开发、教学管理、教学交互活动等能力。

(三) 研究述评

综上所述，智慧教育是教育信息化发展的必然趋势。在智慧教育中，教师既是资源的开发者，又是资源的使用者；既是智慧课堂的规划者，又是智慧学习的评价者。教育信息化贯穿智慧教育的整个教学过程，智慧教育已经成为未来新的发展阶段，这就要求高校教师具备更高的信息化教学能力。智慧教育背景下，对高校教师所具备的基本信息素养、信息化分析能力、教师信息化设计能力、信息化实施能力、信息化评价能力要求更强，以便更好地培养新一代的适应社会的富有创造力的优秀人才。

国内外研究均在理论和实践两个层面开展了一系列探索性工作。在研究内容上，关注点多集中在中小学阶段，针对高校教师信息化教学能力培养的系统性研究较少；在研究方法上，多结合理论分析和案例分析，少量采用定量研究，实证研究较少；在研究视角上，以智慧教育时代为背景的研究较为少见。基于此，本书结合智慧教育时代背景，探究高校教师信息化教学能力的知能结构，实证分析教师信息化教学能力提升的困境及其影响因素，探讨可能的优化路径，具有一定的理论和实践价值。

三、关键概念与术语界定

(一) 智慧教育

智慧教育概念经历了三次演变，从源头上可以追溯到 1997 年钱学森先生的"大成智慧学"思想，强调现实的社会环境中人高级智慧的发展。2008 年，IBM 在《智慧地球：下一代领导议程》中首次提出"智慧地球"概念，而"智慧地球"的宏大愿景是在 IBM 的智慧计算（Smart Computing）基础之上，善用多种高新信息技术（如物联网、大数据和人工智能等）将地球打造成为智能化、物联化和感知型的世界。2009 年 IBM 启动了智慧教育倡导计划,给出了智慧教育的五大路标,确定了智慧教育的概念和实现路径。2012年9月在宁波市举办的"智慧教育高层论坛"上,祝智庭教授首先提出了"智慧教育"的概念,同年12月份发表的《智慧教育:教育信息化的新境界》详细阐释了智慧教育的基本内涵和运行逻辑,从信息化视角出发,将信息技术、智慧教学法和智慧学习环境三者结合阐述智慧教育,指出智慧教育的基本内涵是教育者通过搭建"智慧学习环境",运用智慧教学法,使学习者实现智慧学习的目的。2013年8月中国互联网大会首次提出"智慧教育时代"的概念,强调大数据、智能化、移动互联网和云计算的相互交融渗透是影响时代发展的重要因素。同时,提出智慧教育时代对教育领域的重要影响,具体表现在大数据、智能化、移动互联网和云计算的信息技术、创新成果与教育领域各个层面的深度融合,推动教育技术进步、教学效率提升和教学形式变革,形成全新的以"大智移云"为条件支撑和核心要素的智慧教育时代教育发展新形态。智慧教育时代将对高校教师发展产生重要影响,是新时代教师自我发展无法回避的社会现实存在。

国内学者从不同学科视角对智慧教育内涵进行了系统的阐述和分析,如黄荣怀认为智慧教育的本质特征是教学环境的自动感知、学习内容的智能匹配、教育者作为"人"的责任感、确保受教育者所享受的教育公平性、教育系统要素的有机糅合[1]。杨现民从教育生态学的视角出发,认为智慧教育实质是以大数据、物联网、人工智能等高新信息技术为基础,构建出具备互联化、感知化、智能化、泛在化等特点的信息集成生态系统[2]。钟晓流运用哲学思维分析认为智慧教育的关键在于教师通过富有智慧的教育活动以及教学形式,促使学习者自身智慧趋于完善境界的教育实践过程,这个过程是技术和教育相糅合的一个过程[3]。刘晓琳从教育的永恒性和时代性出发,认为智慧教育以智能感知的智慧学习环境作为物理空间,为学习者提供泛在的个性化的教育,实现智能设备与教育系统的有机统整,最终达成学习者能力发展和智慧完善

---

[1] 黄荣怀,王运武,焦艳丽.面向智能时代的教育变革——关于科技与教育双向赋能的命题[J].中国电化教育,2021(7):22-29.
[2] 杨现民,吴贵芬,李新.教育数字化转型中数据要素的价值发挥与管理[J].现代教育技术,2022(8):5-13.
[3] 钟晓流,宋述强,胡敏,等.第四次教育革命视域中的智慧教育生态构建[J].远程教育杂志,2015(4):34-40.

的教育目标①。邵晓枫从教育哲学的维度，指出智慧教育的终极目标在于实现人的"转识成智"，是促进人生成和发展真、善、美方面智慧的教育②。张军从人工智能的立场中对智慧教育进行考究，认为智慧教育可以表述为：通过高新技术在教育中的赋能和以此为契机的思想转变，从实践和理论出发重构教育智慧，并更为重视超越人工智能的人类智慧③。

综上所述，智慧教育的实质是指教育的信息化，强调在教育领域中，利用现代信息技术的开放性、共享性和交互性等特点，全面推进教育的改革，以打造智慧化学习环境，掌握智慧教学方法，提倡学习者进行智慧学习，达到信息技术与教育教学的深度融合，最终培养智慧型人才。因而，智慧教育时代对高校教师提出更高的要求，教师需要不断更新教育理念，提升教师信息化教学能力。

（二）信息化教学能力

信息化教学是现代教学方式的一种表现形式，与传统教学相似，在本质上都是一种师生之间的教学双边活动。南国农指出信息化教学指的是使用现代教育资源、技术和方法来进行教学的活动，同时涉及教育者与学习者双方，即信息化教学是使用各种现代教育媒体和技术来开展各种教学活动的方式④。张一春认为信息化教学是以现代教学理念为宗旨，以信息技术为支撑，借助现代教学手段，促进师生共同发展的教学。信息化教学要求影响教学的各个因素都具备信息化的特点⑤。徐章韬认为信息化教学不仅要依靠信息技术，还要依靠现代教学理念和方法。与传统教学相比，在现代信息技术支持下，信息化的教学构建了基于信息技术的教学新模式及信息化的学习方式，在教学的内容、技术、评

---

① 刘晓琳，张立国. 智能时代"何以为师"——对智能教育场域中教师专业资本的考量[J]. 电化教育研究，2021（11）：27-33.
② 邵晓枫，刘文怡. 智慧教育的本质：通过转识成智培育智慧主体[J]. 中国电化教育，2020（10）：7-14.
③ 张军. 智慧教育视域下的全人化人才培养[J]. 中国高教研究，2022（7）：3-7.
④ 南国农. 我国教育信息化发展的新阶段、新使命[J]. 电化教育研究，2011（12）：10-12.
⑤ 张一春，贾晓燕，刘平. 创新高校教学信息化建设内涵与发展战略[J]. 现代远程教育研究，2011（4）：27-32.

价和环境等方面都发生了革命性的深远影响①。总体而言，信息化教学和一般教学方法相比，是一种更适应现代信息化社会的新型教学形式，一种需要师生共同参与的教学活动方式，强调在教学过程中对现代教学媒体的使用，要求以媒体与信息技术来重新构建和分析教学活动。

国内关于信息化教学能力的概念未形成权威的认识。相对认同信息化教学能力是以促进学生发展为目的，教师充分利用各种信息资源从事教学活动，完成教学任务的一种综合能力。信息化教学能力是信息化社会中教师专业发展的核心能力，它由若干个子能力构成，并且包含若干个维度。从广义的角度来看，能力是指能够胜任某项任务的主观条件，它是人们对某项任务的情感态度、知识经验及工具技能三个方面的综合体现。因此，教师的信息化教学能力可以划分为六种子能力：①信息化教学迁移能力；②信息化教学整合能力；③信息化教学交往能力；④信息化教学评价能力；⑤信息化协作能力；⑥促进学生信息化学习能力。

国外对信息化教学能力的分析源于2005年美国学者科勒（Koehler）和米什拉（Mishra）首次在文章中提到整合技术的学科教学知识（TPACK）概念。TPACK是Technological Pedagogical Content Knowledge的缩写，由学科内容知识（CK）、教学法知识（PK）和技术知识（TK）三个核心要素构成，这三种元素的交叉融合，形成学科教学知识（PCK）、整合技术的学科内容知识（TCK）、整合技术的教学法知识（TPK）、整合技术的学科教学知识（TPACK）四个复合元素。学者一致认为，整合技术的学科教学知识（TPACK）是教师信息化教学能力的体现。

通过对TPACK框架构成进行分析可以知道，信息化教学设计能力对应学科教学知识PCK；信息化教学实施能力则对应技术与学科知识的整合TCK；信息化教学评价和研究能力对应技术与教学法知识的整合TPK；信息化教学整合能力则对应技术、学科知识和教学法三者的整合TPACK，是学科教学、设计、实施及资源应用能力整合所得的综合能力。由上可知，在TPACK框架下，要求教师至少应该具备五种能力，分别是教学设计、教学实施、教学整合、教学评价以及教学研究方面的能力。这五种能力贯穿于信息

---

① 徐章韬. 教师信息化教学能力的政策内容、演进逻辑及可能走向[J]. 现代教育技术，2021（5）：44-51.

化教学的全过程，相辅相成，缺一不可，共同构成了教师的信息化教学能力。

四、研究思路、研究内容与研究方法

(一) 研究思路

本研究采取总体把握、重点突破和总结归纳的思路，将整个研究分为五个阶段，即理论框架构建阶段、历史变迁研究阶段、能力评估研究阶段、国际比较研究阶段、提升策略研究阶段，研究思路如图1-1所示。

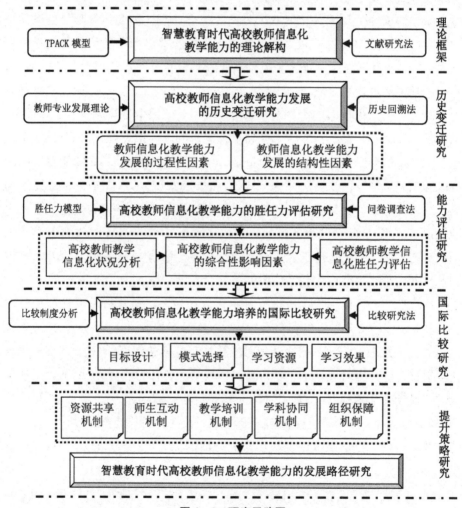

图1-1 研究思路图

(二) 研究内容

1. 智慧教育时代高校教师信息化教学能力的理论解构

运用TPACK模型，分析大智移云时代高校教师专业发展中的知识结构和能力素质，探讨教师信息化教学能力与教师知能结构的关联。重点关注：①智慧教育时代高校教师专业发展的困境与挑战；②TPACR模型框架下高校教师信息化教学能力的智能结构；③高校教师信息化教学能力与教师知能结构的关联分析。多角度诠释高校教师信息化教学能力转型升级的时代必然性，为课题研究的开展奠定理论基础。

2. 高校教师信息化教学能力发展的历史变迁研究

运用教师专业发展理论，梳理信息技术在高校教学应用中的历史变迁脉络。重点关注：①纵向分析教师信息化教学能力发展，即结合教师信息化教学能力发展的阶段性描述，纵向关注教师信息化教学能力发展的过程性因素；②横向分析教师信息化教学能力发展，即结合教师专业发展的智能结构，横向探究教师信息化教学能力发展的结构性因素。多维度透析教师信息化教学能力的内涵及技术在教学中应用的价值取向。

3. 高校教师信息化教学能力的胜任力评估研究

运用胜任力模型，建构高校教师信息化教学能力的胜任力测评体系，评估高校教师信息化教学的胜任水平。重点关注：①运用问卷调查法，从信息化教学迁移能力、融合能力、交往能力、评价能力、协作能力、促进学生信息化学习能力六个方面分析高校教师信息化状况；②运用德尔菲法和层次分析法，构建胜任力测评体系评估高校教师教学信息化能力；③挖掘影响高校教师信息化教学能力的综合性因素，为我国高校教师信息化教学能力的提升策略提供实证依据。

4. 高校教师信息化教学能力培养的国际比较研究

运用比较制度分析，深入对比国外高校教师信息化教学能力培养在目标设计、模式选择、学习资源、学习效果等方面的特点。重点关注：①不同国家高校教师信息化教学能力培养的目标设计及其适用性条件；②不同培养模式的作用方向和培养效果；③不同学习资源的系统性和协同度，及其学习效果的差异性。总结国外高校教师信息化教学能力培养的经验教训，为我国高校教师信息化教学能力培养奠定实践基础。

5. 智慧教育时代高校教师信息化教学能力的发展策略研究

构建"大智移云"背景下符合中国特质的高校教师信息化教学能力发展策略。重点关注：①高校教师信息化教学能力培养目标的确定；②高校教师信息化教学能力培养模式的选择；③高校教师信息化教学能力培养机制的构建。通过资源共享机制、师生互动机制、教学培训机制、学科协同机制、组织保障机制的有效运作，形成以促进学生发展为目标、高校为主体、社会共同参与的教师信息化教学能力发展体系。

(三) 研究方法

1. 文献研究法：文献研究是通过对文献资料的搜集、整理、阅读和分析，从中选取信息，以达到某种调查研究目的的方法。本研究通过查阅著作、期刊、论文、政策报告等，分析国内外高校教师信息化教学能力的构成要素、影响因素、发展现状及培养对策等，重点针对内涵探讨、维度划分以及培养提升策略的文献进行整理，从中掌握信息化教学设计能力的核心内涵和能力构成，为本书的研究提供可资借鉴的分析框架和理论基础。

2. 历史回溯法：采用历史回溯法，梳理信息技术在高校教学应用中的历史变迁脉络。从纵向分析和横向分析两个层面，剖析教师信息化教学能力发展的过程性因素和结构性因素，透析教师信息化教学能力的发展趋势和价值取向。

3. 问卷调查法：问卷调查研究主要是有目的、有计划、有针对性地获取教师信息化教学能力发展方面的数据资料。本研究对江苏省高校教师信息化教学能力开展调研，主要采用了问卷调查、座谈等研究方式，收集分析数据，总结教师信息化教学能力的发展现状和存在的问题，剖析影响高校教师信息化教学能力发展的影响因素。

4. 比较研究法：在国际视野中比较分析教师信息化教学能力的相关研究，尤其在教师相关教育技术能力培训项目以及通用教师教育技术能力标准等方面，分析国外的研究现状和发展经验，为促进教师信息化教学能力的发展提供国际化视野的参照与借鉴。

5. TPACK 模型：2005 年美国学者科勒（Kohler）和米什拉（Mishra）首次在文章中提到整合技术的学科教学知识（TPACK）概念，TPACK 是 Technological Pedagogical Content Knowledge 的缩写，由学科内容知识

(CK)、教学法知识（PK）和技术知识（TK）三个核心要素构成，这三种元素的交叉融合，形成学科教学知识（PCK）、整合技术的学科内容知识（TCK）、整合技术的教学法知识（TPK）、整合技术的学科教学知识（TPACK）四个复合元素。学者一致认为，整合技术的学科教学知识（TPACK）是教师信息化教学能力的体现。

6. 胜任力模型：是个体完成某项工作或达成某一绩效目标所应具备的一系列不同素质的组合，分为内在动机、知识技能、自我形象与社会角色特征等几个方面，这些行为和技能可以作为组织考察个体职位胜任能力的重要依据。研究选取高校教师为研究对象，编制高校教师信息化教学胜任特征调查问卷，建立高校教师信息化教学胜任力测评体系，为考察高校教师信息化教学能力提供参考。

第二章
智慧教育时代高校教师信息化教学能力的理论解构

党的二十大报告中指出，教育、科技、人才是全面建设社会主义现代化国家的基础性、战略性支撑。必须坚持科技是第一生产力、人才是第一资源、创新是第一动力，深入实施科教兴国战略、人才强国战略、创新驱动发展战略，开辟发展新领域新赛道，不断塑造发展新动能新优势。大数据、人工智能、移动互联网和云计算应用的迅猛发展，对高等教育产生革命性影响，我国高等教育信息化在应对智慧教育时代变革中呈现出创新融合的新趋势。教育是人才涌现的基础和科技发展的先导，具有鲜明的战略价值。教育支撑人才，人才支撑创新，创新服务于国家经济建设和综合国力提升。坚持教育优先发展的丰富内涵和时代要求，必须深刻把握教育作为社会主义现代化强国重要支撑和基础工程的特殊意义。2020年11月教育部部长陈宝生同志提出："要构筑信息化社会的现代化教育体系"，教育部高等教育司司长吴岩同志也提出"全面提升新时代高校教师教育教学能力"；2021年3月教育部印发《关于加强新时代教育管理信息化工作的通知》强调高等教育必须适应、借助信息化来助力自身的发展，并培养适应时代要求、引领社会发展的高素质创新人才。2022年2月发布的《教育部2022年工作要点》中再次强调提出，实施教育数字化战略行动，推进人工智能助推教师队伍建设试点工作，构建基于数据的教育治理新模式。在此背景下，探究新时代高校教师信息化教学能力的核心要素、标准框架和内涵解构，对推动高等教育培养模式的创新与改良，促进高校教师教学创新能力的提升，加强现代信息技术在教学中的应用，具有重要理论意义和实践价值。

第二章 智慧教育时代高校教师信息化教学能力的理论解构

一、TPACK 理论框架下的教师信息化教学能力阐释

(一) TPACK 理论框架的提出与发展

2005 年美国学者科勒（Koehler）和米什拉（Mishra）首次提出 TPACK 理论框架[①]，TPACK 是 Technological Pedagogical Content Knowledge 的缩写，由学科内容知识（CK）、教学法知识（PK）和技术知识（TK）三个核心要素构成，三种元素交叉融合，形成学科教学知识（PCK）、整合技术的学科内容知识（TCK）、整合技术的教学法知识（TPK）、整合技术的学科教学知识（TPACK）四个复合元素。TPACK 框架综合考虑了学科知识、教学方法和技术支持的有效融合，体现了信息时代对教师信息化教学实践的基本能力要求，也反映出教师运用技术支持解决教学问题以实现教学效果优化的目标。

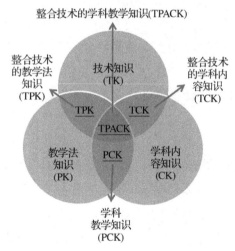

图 2-1 TPACK 框架及其组成要素示意图

一直以来理论界对 TPACK 框架下的教师信息化教学能力建设较为关注，学者们研究指出，信息化教学能力是当代高校教师最重要的职业素质与核心竞争力，需增强教师信息化学习主体意识，创建并完善教师信息化教学能力培训体系。同时，部分学者研究发现，高校教师对信息化教育的意识与责任、

---

① Mishra P, Koehler M J. Technological Pedagogical Content Knowledge: A Framework for Teacher Knowledge [J]. Teachers College Record, 2006, 108 (6): 1017-1054.

知识与技能、设计与实践、社会实践、研究创新等要素均较为重要，并从不同层面探讨构建了高校教师信息化教学能力指标，包括信息技术素养、教学法素养、学科素养、信息化学科素养、学科教学素养、信息化教学法素养、信息化学科教学素养等。也有学者融合教学实践全过程探讨了信息化素养在教学设计、教学整合、教学实施、教学评价、教学研究等教学周期中的作用，为TPACK框架下的教师信息化教学能力建设提供了极具价值的研究基础。

（1）信息技术素养，对于技术，Koehler和Mishra指出这里的技术包括传统技术和数字技术。技术知识不是一成不变的，随着时代的发展，技术知识将不断更新，与时俱进是技术知识的典型特征。根据这一知识，可以得出具体要求教师掌握应用传统技术和信息技术的能力，信息化教学能力主要是信息技术的能力。

（2）教学法素养，主要指教师应具备的普通教学法知识。包括管理课堂、了解学生、制订计划等。这一知识不具有学科针对性，是普遍适用的。由这一思路出发，可以总结出，这一知识涉及教师的能力具体包括学习者的特征分析，教学目标的确定，教学策略的选择，教学方案的编写，教学评价的实施等能力。

（3）学科素养，主要是指教师教学中具体学科的知识。比如概念、理论、方法等。学科内容知识是教师教学的基础，教师要能够掌握学科的基本理论知识和相关原理等。

（4）信息化学科素养，教师在具体学科的教学时，要能够运用合适的技术来帮助学习者理解具体内容知识。整合技术的学科内容知识是将学科内容与技术有机结合的产物。要求教师依据教学内容，设计和开发教学资源，利用技术来表达教学内容，帮助学习者理解等。

（5）信息化教学法素养，强调将技术有效应用于具体教学实践中，优化教学过程。教师能够有效地利用技术促进教学策略的有效实施，将技术应用于教学评价，提高教学效果，增加学习者的学习兴趣等。

（6）学科教学素养，具有学科针对性。这一类知识强调教师将具体的学科内容转化为学科教学，是教师基本且特有的知识，是学科内容和学科教学转化的桥梁。具体要求为在选择合适的教学方法时，需要注意分析教学内容的不同，判断是否能够进行符合学科特点的教学评价等。

（7）信息化学科教学素养，由三个核心知识相互融合而成，不是三者的简单相加，从系统论的角度来看，是产生了一加一大于二的效应。要求教师能够根据学科内容和特点,将技术和教学环节有机融合,将技术与学科课程教学整合,优化教学。

(二)《国家高校教师教育技术能力指南(试用版)》分析

2010年12月,全国高等学校教育技术协作委员会发布了《国家高等学校教师教育技术能力指南(试用版)》,明确地提出高校教师教育技术能力的结构模型,具体分为五个模块,分别为意识与责任、知识与技能、设计与实施、教学评价和科研与创新,如图2-2所示,每个模块下面具体分为二级指标和三级绩效指标,一共17个二级指标和54个三级指标。国家高等学校教师教育技术能力指南的制定,对促进高校教师教学能力专业化发展、规范高校教师教育技术能力培训、提升高校信息化教育水平具有重要意义。

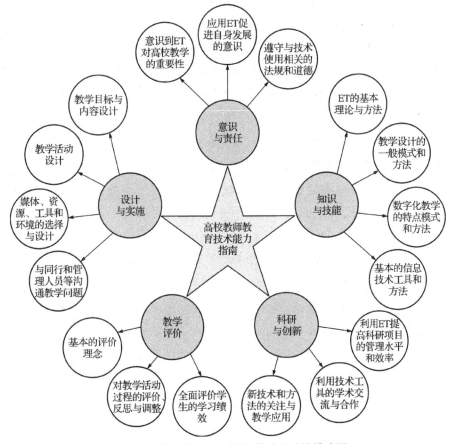

图2-2 高校教师信息化教学能力结构模式图

(1) 意识与责任

意识与责任要求高校教师认识到教育技术对高校教学的重要性，利用教育技术，促进自身发展，同时要遵守与技术使用相关的法规和道德。高校教师应首先认识到教育技术对高校教学的重要性，从意识层面认可教育技术的价值，并有利用教育技术改进自身教学实践的意愿。在教育信息化的背景下，高校教师要能够意识到其对高校教学的重要性；同样地，在教学实践中能够主动积极地开展信息化教学。从教师自身专业发展角度看，在学习型社会和信息时代，高校教师需要具有终身学习的意识，能够认识到技术与教学融合的重要性，随着时代和技术的进步不断更新教学理念，将新理念和新技术应用到信息化教学实践中。高校教师提高教育技术能力与水平，同时也是完善自身能力体系的重要举措。另外，高校教师应该意识到技术应用与教育是一把双刃剑，在技术应用过程中应遵守相关的法律法规。

(2) 知识与技能

知识与技能要求高校教师了解教育技术的基本理论与方法、教学设计的一般模式和方法、数字化教学的特点模式和方法以及基本信息技术工具和方法。教育技术是利用技术促进教学的理论与实践，是对教育技术基本理论和方法、基础技能和策略的认识，是运用教育技术的前提和保障。教育技术的基本理论包括教育技术的基本特点，内涵，历史沿革，典型的教与学范式与观点，技术应用于教学的一般模式等。随着信息时代的发展，数字化教学逐渐成为开展教学活动的主要方式，高校教师应了解数字化教学的一般特点，充分运用数字化资源、多媒体和网络开展数字化教学环境中的常见活动。

(3) 设计与实施

设计与实施要求高校教师能了解教学设计的过程、方法和设计要点，能与同行和管理人员等沟通教学问题；能关注新技术与方法，并应用于教学实践中。教学设计是一门联系理论与实践的桥梁性质的学科，高校教师应了解教学设计的过程、方法和设计要点，开展教学目标分析，学情分析，教学内容选择，教学活动组织，教学媒体、策略与方法利用，教学环境创设，教学效果评价等。另外，高校教师教学设计不是一个封闭的系统，往往需要技术人员、教师、教育专家的支持和帮助，与技术开发人员一起合作，实现教学设计技术水平的提升。

(4) 教学评价

教学评价要求高校教师了解各种类型评价的具体方法，并能利用典型的评价理论来指导自己的评价过程。一般教学评价包括三种：教学前诊断性评价、教学中形成过程性评价、教学后综合性评价。高校教师应该了解各种类型的评价具体方法，并能利用典型评价理论来指导教学评价过程。在评价过程中，注意以人为本的理念，不能唯分数评价。

（5）科研与创新

科研与创新要求高校教师能利用教育技术提高科研项目的管理水平和效率，能利用技术工具来行学术交流与合作。在信息化教育时代，不仅要实现教学信息化，还要达到教研信息化。在数字化、网络化、虚拟化的教学中，高校教师科研也必然有信息化的烙印。教学研究应该首先从审视教学过程开始，利用教育技术的方法、工具来创设新型的教学模式。教育技术能力的提升，有助于高校教师熟悉信息化科研系统操作，并利用项目管理、统计软件开展研究和整理数据。创新能力是发展的源泉，高校教师同样需要教学创新能力。在教学创新层次上，高校教师应改变传统教学观念，结合信息技术实现教学环节创新。在进阶要求上，高校教师应能结合具体经验，应用信息技术创新出适应教学需求的教学模式。在目标要求上，高校教师应时刻关注新技术、新媒体，创造性地解决教学实践中的问题。

（三）基于TPACK框架的高校教师信息化教学能力分析

TPACK框架为高校教师信息化教学能力的发展提供了良好的范式，基于此，以TPACK框架为基础，结合《国家高等学校教师教育技术能力指南（试用版）》的相关能力标准，从信息化素养在教学全过程中的作用和影响，构建教师开展信息化教学实践应具备的能力要素，以便更加具体化、立体化、形象化地直观展现高校教师信息化教学能力的具体内涵，具体如表2-1所示。

表2-1 TPACK框架下高校教师信息化教学能力内涵体系

TPACK核心要素	TPACK复合要素	信息化教学能力解构
学科素养	学科教学素养	信息化教学设计能力
	信息化学科素养	信息化教学整合能力
教学法素养	信息化教学法素养	信息化教学实施能力
		信息化教学评价能力
信息技术素养	信息化学科教学素养	信息化教学研究能力

信息化教学能力是强调在信息化教学环境下，教师在教学中运用信息技术开展教学实践优化教学的能力。在构建能力体系时，将TPACK框架信息化教学能力与我国高校教师技术能力标准相结合，结构从下往上分为态度与责任、基础与技能、设计与开发、应用与评价、融合与创新五层，每个模块都是TK、PK、CK三个元素的融合体，以这三个元素为基础，每个模块都各有侧重，具体包括：信息化教学设计能力、信息化教学实施能力、信息化教学整合能力、信息化教学评价能力、信息化教学研究能力五个部分。在TPACK学科教学法知识的基础上，将《国家高等学校教师教育技术能力指南（试用版）》的相关能力标准融入其中，结构从下往上、从低到高呈现阶梯形变化，将技术、学科内容、教学法知识有机结合起来，并复合成整合技术的学科教学法知识，与信息化教学能力的核心相吻合。

二、智慧教育时代高校教师信息化教学能力的内涵解构

智慧教育时代对高校教师信息化教学能力的发展提出了新的要求。结合TPACK框架，可以梳理出智慧教育时代高校教师信息化教学能力的智能结构要素，并通过信息化教学设计能力、信息化教学实施能力、信息化教学整合能力、信息化教学评价能力、信息化教学研究能力五个方面的指标体系进行说明阐释。具体内容见表2-2。

(一) 信息化教学设计能力

信息化教学设计能力是指高校教师能够运用信息科学技术有效开展教学设计的能力。具体而言，主要体现在教师能够以教与学的理论为指导，使用信息化手段开展教学设计，精心设计教学过程及教学环节，实现教学资源配置的优化和整合；同时，教师能够充分、恰当地利用现代信息技术和教育资源，制定教学目标，规划教学内容，并准确传达给学生，帮助学生实现学习目标，达到学习效果。信息化教学设计能力的优势体现在将信息技术作为一个灵活的变量输入教学实践中，使原有的教育内容、教育方式和教学过程都发生相应的变化。信息化教学设计是信息技术时代新型教学活动的实践依据和理论指南。

设计整合技术的教学是开展信息化教学的前提，也是教师必须具备的最

基本的面向信息技术与教学深度融合的专业能力之一。信息化教学设计强调学生的积极参与，而活动的参与需要一定情境的支持，因此教师要能够收集、甄别、整合与学科相关的教学资源以优化教学环境，即要能利用网络、多媒体技术呈现情境，把学生带入问题情境、应用情境、直观情境、虚拟情境、思维情境、合作情境、创作情境以激发学生的研究兴趣及潜能，给学生提供学习挑战，将现实、情境和心理要素融合在一起，进而投入具有现实的、探索性的活动中去解决复杂问题。

表 2-2 智慧教育时代高校教师信息化教学能力的指标体系

信息化教学能力指标	指标体系说明
信息化教学设计能力	教师能够使用信息化手段开展教学设计，科学安排教与学过程的各个环节和要素
	教师能够应用信息技术支持，制定教学目标，规划教学内容，并准确传达给学生
信息化教学整合能力	教师能够有效融合信息技术于教学过程，营造互动教学环境，辅助教学过程中的教和学
	教师能够运用信息技术探索教学方法和教学模式改革
信息化教学实施能力	教师能够借助信息教育平台实施在线教学
	教师能够创建丰富的教学资源，满足学生的个性化需求
	教师能够与学生协作完成共同学习，发现和使用信息资源解决问题
信息化教学评价能力	教师能够利用信息化手段进行过程性评价和综合性评价，并及时反馈给学生，指导学生解决问题
	教师能够指导学生利用信息化手段评估自己的学习，调整学习策略以优化学习效果
信息化教学研究能力	教师能够通过信息化教学手段获取学科新知识、新技能、新经验，总结教学法知识，开展教学研究
	教师能够利用信息化手段总结教学实践经验，准确分析信息信度、效度，并服务于教学研究与学科建设

（二）信息化教学整合能力

信息化教学整合能力是指高校教师将信息科学技术有效融入教学过程中，进而促进教与学过程有效融合提升的能力。信息化教学整合能力侧重于运用信息科学技术探索教学方法、教学方式的创新与变革，在课程教学过程中把教学技术、教学资源、教学方法和信息科学技术有机结合，进而有效完成课程教学目标的新型教学方式。在信息化教学整合过程中教师的主导地位与学生的主体地位都得到深化和体现，通过教师良好的信息化教学整合能力营造出新型教学环境，逐步促进教师教学新媒介与学生学习新平台的良性互动，从而辅助教学过程中的教学相长，既促进教师的教授，又促进学生的学习。

信息技术与教学深度融合中的每一步都离不开资源的支持参与，因此为了支持学习者的主动探索和完成意义建构，为学生提供各种信息资源成为教师必备的能力之一。教师要能在短时间内根据教学目标、学生学习特征、知识特征高效地收集与之相关的各种教学资料与信息，能对与学科知识关联较紧密的信息保持很强的敏感度，能娴熟地运用网络搜索、在线交流、扫描和打印等方法获取信息。教师要能对获取的信息按学科教学和课程整合的需要分门别类地加以归纳分析、去粗取精，达到为我所用的效果。这里面就存在着判断什么资源恰当、什么资源有效的问题，在信息时代这种选择与决策能力，是信息化教学深入开展的重要基础。

（三）信息化教学实施能力

信息化教学实施能力是指高校教师运用信息教育技术设备，对教与学的过程进行有效管理的能力。信息化教学实施能力是一种系统性的教育教学能力，教师依托信息教育平台创建丰富的教学资源，通过在线教学满足学生个性化的需求。在信息化教学实施过程中，教师除了具备传统的语言表达、课堂组织、板书设计等教学能力外，更注重教师运用信息科学技术协助学生开展学习与探究活动，重视学生创新与实践能力的培养，关注学生学习问题的解决，以促进实现教师帮助学生共同完成学习任务的目标。

在信息时代，教学是教师促进学习者完成正确知识建构的过程，教师要在充分满足学习者个性需要的基础上,对教学进行全面的调控,教师的角色发生了变化,学习者的学习形式又增加了利用媒体的独立学习和协作学习,因此教学过程的复杂性和教师的角色变化,都对教师的调控能力提出了许多新的要求,如:利用多媒体创设学生感兴趣的问题情境,运用多媒体将抽象乏味的教学内容以生动形象的视听效果展现给学生,可以提高学生的求知欲。同时,可以利用多媒体让学生在学习中自主探索与合作交流,每个学生都参与讨论,使课堂中学生的主体地位得到体现,使学生真正成为课堂的主体。

(四)信息化教学评价能力

信息化教学评价能力是指高校教师能够充分运用信息科学技术手段,根据前期设计的教学目标开展过程性评价和综合性评价的能力。信息化教学评价的目标是通过新型信息化技术手段的介入,确保教师教学过程诊断及教学效果评价的客观性和科学性,并最终能够及时有效改进教学中存在的问题。信息化教学评价以 OBE 教育理念为评价核心,以学生为中心,以成果导向为基础,以持续改进为目标,通过信息技术手段收集教学数据并开展统计分析,进而多元维度构建信息化的课程评价综合考核体系。

信息化教学评价需要教师具备根据实际评价的需要,合理选择信息技术工具和熟练运用信息技术工具支持评价活动的能力,包括掌握常见的数据处理软件等能力。信息化教学评价需要教师具备对信息技术环境中学生的学习活动进行有效、合理评价的能力,包括评价的规划、实施、计分、结果解释,应用多种评价方法,判断学生在学习、交流和实践活动中使用技术资源的有效性,并能将评价结果用于反思实践以提高教学、促进学生的学习。

(五)信息化教学研究能力

信息化教学研究能力是指高校教师能够运用信息科学技术手段开展教学研究的能力。大智移云时代的教学平台与教学模式改革都为高校教师带来了前所未有的挑战和冲击,如何适应并有效应对教育发展创新是教学研究的重要内容。信息化教学研究贯穿整个教学活动的全周期,通过信息化教学研究能力的提升,可以为高校教师应对日益复杂的教学环境提供有效的途径，也能为高校教师适应智慧教育时代的教育模式改革提供有效的理论参考和实践依据，是保障教学活动取得最优绩效的重要支撑。

在有效的信息技术与教学深度融合的教学活动中，学习者的自主性将发挥巨大的作用，包括对于学习内容和学习方式的选择、学习活动的开展、学习成果的展示等，这就需要教师在信息化教学研究中围绕学生的"学"来展开，在研究教学过程时应充分考虑体现以学生为中心的三个要素：发扬学生的首创精神，即要在学习过程中充分发挥学生的主动性，要能体现学生的首创精神；将知识"外化"，即要让学生有多种机会在不同的情境下去应用他们所学的知识；实现自我反馈，即要让学生能根据自身行动的反馈信息形成对客观事物的认识和解决实际问题。

三、智慧教育时代高校教师信息化教学能力的知能结构变化

根据 TPACK 框架可以看出，智慧教育时代高校教师信息化教学能力呈现出新的趋势和特点，主要表现在信息化教学能力的动态发展性、知识融合性、概念整合性、操作灵活性和实践创新性五个方面，具体知能结构变化阐释见图 2-3 所示。

图 2-3　智慧教育时代高校教师信息化教学能力知能结构变化图

（一）信息化教学能力具有动态发展性

信息化教学是新时代高校教师需要掌握的一种新型教育模式。智慧教育

时代的传授技能日益丰富，要求教师在其教学实施过程中要保持知识的与时俱进性，以确保其能进一步推进教学内容更新、教学资源储备和教学技术体系的日益优化。教育的发展和教学的改革，需要教师的不断成长，教师的专业发展需要教师能力素质的不断提高。教师信息化教学能力中的教学技术，更具有发展的时代性。因此，教师信息化教学能力并非固定不变的，而是处于一种动态变化的状态。

在不同的历史时期、社会背景、教育背景下，教师信息化教学能力的要求是动态的、变化的、不确定的，教师必须适应这种动态变化的不确定性要求，相应地其信息化教学能力的发展也是动态的。这种动态性是教师信息化教学能力不断发展、不断完善、不断提高的过程，也是在信息化社会中，为了适应社会的变化，教师信息化教学能力也应该是不断更新知识和提高能力、追求新知的过程。因此，教师在学习和工作中，信息化教学能力永远处于一种动态的发展状态。动态发展的动力来自学习、教学实践和协作教学等，直接的动力源泉来自教师信息化教学能力发展的自主性，需要教师具有自主学习、终身学习的意识与能力。

（二）信息化教学能力具有知识融合性

实现教育信息化的途径与方法，是指要充分利用和发挥现代信息技术优势，实现信息技术与教育、教学深度融合。信息化教学能力中的每一项知识体系都具有较强的独立性，不是某一项教学知识、传授方法和应对技能的机械叠加。每一项知识体系之间同时又是紧密相连的，而且整合技术的学科教学知识恰恰重视此类信息在特殊条件下的结合效应，即信息技术与知识之间的有效融合性。

事实上，信息化教学能力的知识融合，也正是让信息技术对教育发展真正产生革命性影响的具体途径与方法。为实现教育信息化的目标，需要通过教育信息化带动教育现代化，以达到促进各级各类教育变革与创新的目标，国际上传统的途径与方法是实施"信息技术与课程知识的有效整合"，即信息化教学的知识融合。融合指将信息技术有机地结合在各学科的教学过程中，使信息技术与学科课程结构、课程内容、课程资源以及课程实施等融为一体，从而更好地完成课程目标，并提高学生的信息获取、分析、加工、交流、创新、利用的能力，更好地培养其协作意识和自主能力。

(三）信息化教学能力具有概念整合性

信息技术与教学课程的整合，是信息时代发展下教学课程与教学改革所需的，是我国高等教育整体改革的内在组成部分，是我国面向21世纪基础教育教学改革的新视点，是与传统的学科教学有着密切的联系，又具有一定相对独立特点的教学类型。对它的研究与实施将对发展学生自主性、创造性，培养学生创新精神和实践能力具有重要意义。

信息化教学能力是一个具有概念整合性的复合概念，其复杂的系统性有助于教授者形成特定的思维方式和教育模式。信息技术与课程整合是指在教学过程中把信息技术、信息资源、信息方法、人力资源和课程内容有机结合，共同完成课程教学任务的一种新型的教学方式。整合的三个基本点是：要在多媒体和网络为基础的信息化环境中实施课程教学活动；对课程教学内容进行信息化处理后成为学习者的学习资源；利用信息化加工工具让学生进行知识重构。信息化素养的提升有助于教师在准备教案或是构思课堂讲授方式时，更好地获得资源和信息的整合，进而指引教师重视授课知识、授课手段和讲授技巧以及这些因素之间的密切联系和有效互动。

(四）信息化教学能力具有操作灵活性

信息化教学能力包括三类主要元素和四类综合知识，整个体系内容丰富又彼此密切相关，总体而言，信息化教学能力体现出一种"复杂又紧密"的系统形态。智慧教育时代高校教师在知识传授的实践中，需要结合自身教学内容进行分析处理，不能简单地进行机械化操作，要将灵活性的应对措施作用于不同的教学过程和不同的教学对象，因此具有操作的灵活性。

一方面，信息技术与学科教学内容的有效结合以计算机和网络技术为主，并按层次分模块的编排，既有理论传授的课型，又有实践操作的课型。在教学实践中根据专业学科的特点、课程类别和内容难易程度等，选择不同的教学方法，突出教学过程中方法的灵活性和针对性。另一方面，教师信息化教学能力发展不仅关乎教师个体的专业化成长，更关乎学生的成长、教育的发展和社会的发展。从教师个体成长到促进学生、教育和社会发展的角度，信息化教学能力需要适应学生的特点和时代特点，体现出信息化教学能力运用操作的灵活性。

(五) 信息化教学能力具有实践创新性

信息化教学能力服务于教学实践创新，集中体现出大智移云时代教学情景下的教学法、特定学科内容与信息技术之间的系统性关系，教师在教学实践中可以依据理论情景推演出实际教学问题的解决路径，不断学习和积累经验，并在实践活动中验证理论知识，通过实践创新的形式不断总结并提升自己的教学技能和学科知识，抓住信息化教学带来的机遇，为社会培养出高素质的创新型人才。

信息技术在教育教学中的应用是永无止境的，技术的不断创新会给应用提供新的动力和条件，教育的需求和发展也会给信息技术的发展提出新的要求。促进信息技术在教育教学中的应用，特别是在课堂日常教学中的应用，使学习者学习方式便捷化、学习支持个性化，从而获得高质量的学习结果，是教育信息化发展的方向和本质，而且具有无限的发展潜力。信息化教学手段运用恰当可以为学生创造一个多时段、多层次、多角度的立体学习时空，激发学生的学习热情和学习主动性，培养学生的创新能力，优化教学结构，提高教学效率和教学质量。

第三章
高校教师信息化教学能力发展的历史变迁

在信息化背景下,智慧教育已成为推动教育改革发展的重要动力。传统的教育模式需要进行解构与重构,以适应社会发展的需求和未来的发展趋势。在教学活动中,教师承担着组织和引导的角色,因此培养教师的信息化教学能力对于促进智慧教育事业的发展至关重要。

2018年,中共中央、国务院颁布了《关于全面深化新时代教师队伍建设改革的意见》,强调了教师在教育事业中的至关重要性,并提出了提升教师素质和专业能力的要求。近年来,我国高校在开展教师信息化教学能力培养方面取得了一定成效。教师专业化发展的热点问题之一是高校教师信息化教学能力的提升,国家、地方和校本培训项目都在这一领域不断发力。在此背景下,"双一流"战略对高校师资培养模式提出了更高的标准与要求。2021年《中华人民共和国国民经济和社会发展第十四个五年规划和2035年远景目标纲要》中提出了构建高质量教育体系、高素质专业化教师队伍的奋斗目标,强调了教师要运用信息技术提高教学水平、创新教学模式。这意味着我国高校在未来一段时期将加大对教师信息化教学能力的培养力度,以推动教育现代化进程。高等教育的内涵式发展和高质量发展离不开高校教师信息化教学能力的支撑。

为了全面探究高校教师信息化教学能力的演进历程,我们必须追溯其发展脉络,研究过程性和结构性因素的变化,以及教师信息化教学能力在高等教育教学实践中的历史变迁和独特特征。高等教育教师在信息化教学方面的发展经历了多个不同的阶段。在现代大学教育体系下,教师的教学方式也发生了巨大变革,其中包括教学内容、教学模式和评价方式等方面的改革与创新。早期,教师主要依赖于传统的授课方式和教材来进行授课。这一时期,教师主要通过讲授课程知识来完成教学任务。随着信息技术的迅猛发展,教师开始深刻认识到信息化教学的不可或缺性,积极探索如何运用信息技术提升教学成效。在此阶段,教师的主要关注点在于技术的运用,例如运用多媒体教学工具和网络资源进行授课。随着时间的推移,教师逐渐领悟到,信息化教学的价值不仅在于技术的应用,更在于对教学设计和教学方法的创新与探索。这一时期,教师开始从单一教学模式转向多元模式,即混合教学模式,这种教学方式能够更好地适应学生多元化的学习要求。教师开始重视学生的个性化学习需求,积极探索运用在线学习平台和个性化学习软件,以满足学生多样化的学习需求。信息技术在教育中得到越来越广泛的运用,对教师信息化教学能力提出了更高的要求。在当前阶段,教师的信息化教学能力已经超越了单纯的技术应用,更加强调对教学理念和教学方法的创新和提升。教师信息化教学能力在一定程度上影响着教学效果,决定着教育质量和人才的培养水平。目前,高等教育师资的数字化教学能力已经进入了一个全新的境界。随着互联网时代的到来,信息技术在教育中发挥着越来越重要的作用。除了需要熟练掌握信息技术的应用,教师还需要具备教学设计和教学评价的综合能力,这是不可或缺的。这就要求教师在教学过程中不断优化自身的知识结构,提高教育技术水平,同时也要重视对网络信息资源的利用与整合。教师应当具备灵活运用信息技术的能力,以设计和实施符合学生需求的教学方案为目标,并能够对教学效果和学生学习成果进行评估。教师在使用技术进行教学活动时,应该明确自己的角色定位,将自身知识与其他学科知识相结合,从而实现对教学过程和结果的全面监控,保证教学质量得到有效提高。此外,教师应当致力于开发和分享教学资源,积极参与教学团队的协作和交流,以提高教学质量和效果。

高等教育的发展和改革离不开高校教师信息化教学能力的不断提升,这是至关重要的。高校作为人才的培养基地和科学研究中心,其信息资源丰富多样,在网络环境下开展教学活动是非常必要的。该措施不仅有助于提升教师的教学成效和学生的学习效率,同时也能够推动教学方式的创新和教育资源的共享,从而促进教育事业的发展。在当前高校教学改革中,教师信息化教学能力成为衡量教师教学质量的一个关键指标,也成为提升学校竞争力的关键因素。高校教师信息化教学能力的培养,有助于推进教育信息化的深入发展,从而实现高等教育内涵式和高质量的发展目标。在当前我国高校教育教学改革中,加强信息技术与课程整合成为一种趋势,而高校教师作为教育技术领域的一支主力军,其专业素养直接影响整个教育行业的教学质量。因此，在当今的教育改革和发展中，高校教师信息化教学能力的提升已成为一项至关重要的使命。

一、高校教师信息化教学能力发展的过程性回顾

（一）高等教育信息化发展的阶段性分析

自改革开放以来，高等教育信息化在宏观政策的引领下，经历了三个不同的发展阶段：

1. 萌芽阶段（1978—1999）

在1978年至1999年这段时间里，高等教育信息化的发展处于起步阶段，呈现出初步的发展态势。中国实施了一系列教育改革和开放政策，为高等教育信息化的蓬勃发展奠定了坚实的基础。此后，我国进入基础教育领域实施"普九"工程时期。1998年教育部制定《面向21世纪教育振兴行动计划》。1999年中共中央、国务院发布《关于深化教育改革全面推进素质教育的决定》，指出要实现教育振兴和全面推进素质教育，必须充分利用信息技术和多媒体设备。随着互联网技术和多媒体技术的普及，人们越来越认识到信息素养是一种新能力。在此阶段，高等教育机构开始引入先进的计算机技术，并兴建了一系列基础设施和网络。在此基础上，我国高等教育开始实施信息化战略，并且取得一定成效。随着计算机的普及，教师和学生逐渐认识到信息技术在教学和学习中所蕴含的巨大潜能。然而，尽管高等教育信息化已经取得了一定的进展，但由于技术水平和资源的限制，其发展仍然受到一定程度的制约。

2. 教育信息化1.0阶段（2000—2017）

2000—2017年间高等教育信息化发展迅速。同时也为高校开展信息素养教育提供了政策保障。在此阶段，我国政府颁布了一系列宏观政策和规划文件，明确了高等教育信息化的发展方向和目标。在新时期、新形势下，我国高等教育进入大众化阶段。2001年国务院发布《关于基础教育改革与发展的决定》，提出"大力普及信息技术教育"。2010年《国家中长期教育改革和发展规划纲要（2010—2020年）》提出"信息技术对教育发展具有革命性影响"。2012年教育部印发《教育信息化十年发展规划（2011—2020年）》，明

确指出要坚持"应用驱动"的工作方针,"以教育信息化带动教育现代化"。同时,随着互联网技术、计算机技术和通信技术的进步,数字化校园逐渐形成并完善,校园网逐步成为学校信息基础设施的重要组成部分。高校信息化建设得到政府的大力支持,网络建设和信息技术的广泛应用推动了教师和学生的信息化意识不断提高,多媒体教学工具和网络资源也开始在教学中得到广泛应用。随着云计算、大数据、物联网和移动计算技术的成熟和广泛应用,我国高等教育进入新时期——数字化校园时代,并逐渐形成规模。随着时间的推移,在线教育和远程教育蓬勃发展,为学生提供了更加灵活和高效的学习途径。在此阶段,高等教育的数字化转型已经取得了显著的进展,为教学和学习提供了更加广泛的可能性。

3. 教育信息化2.0阶段(2018年至今)

2018年至今,高等教育信息化进入了一个新的阶段。在此阶段,我国政府提出了构建高品质教育体系和培养高水平专业教师队伍的目标,并强调教师应运用信息技术提升教学水平和创新教学模式。同时,我国也出台了一系列文件支持和鼓励教育行业的企业参与到教育信息化领域中去。高校数字化校园建设和智慧教育的蓬勃发展,得益于政府对高校信息化建设的投入不断加大。随着信息技术的不断普及和深入,传统教学模式受到巨大冲击,以数字化技术为基础的智慧课堂应运而生。2016年教育部发布《教育信息化"十三五"规划》和2018年教育部发布《教育信息化2.0行动计划》提出2022年基本实现"三全两高一大"发展目标:教学应用全覆盖所有教师,学习应用全覆盖所有适龄学生,数字校园建设全覆盖所有学校,信息化应用水平及师生信息素养得到普遍提高,构建"互联网＋教育"大型平台,标志着教育信息化迈入新2.0时代。随着教育信息化进程的不断深入,信息技术与教育深度融合已经成为现代教育领域的重要特征之一。在2019年2月,我国颁布了《中国教育现代化2035》和《加快推进教育现代化实施方案(2018－2022年)》,强调了教育信息化在教育现代化的顶层设计和行动方案中所扮演的重要角色。高校是知识与科技高度密集的区域,其师资力量具有较强优势,但传统教学模式已难以满足现代信息技术飞速发展的要求。教师专业化发展的热点问题之一是如何培养高校教师的信息化教学能力,这一问题得到了国家、地方和校本培训项目的持续关注。

本书通过分析国内外高校在人才培养模式改革方面取得的成绩与存在的

问题，结合当前社会对创新型人才的需求，提出了基于"互联网＋"背景下提升高校教师信息化教学能力建设的对策建议。高等教育信息化正面临着新兴技术如人工智能、大数据和云计算等的广泛应用，这些技术带来了前所未有的机遇和挑战。高等教育信息化的演进已经超越了单纯的技术应用，更加强调对教学理念和教学方法的创新和提升。

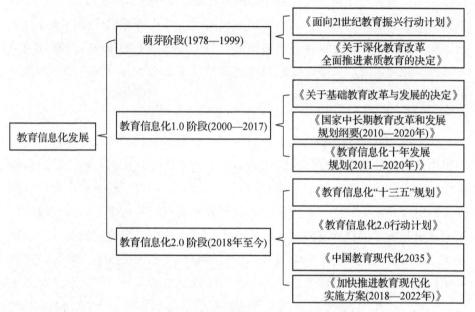

图3-1 高校教育信息化发展阶段图

（二）高校教育信息化发展的阶段性分析

高等教育在教育信息化领域扮演着至关重要的角色，需要推进信息技术与教育教学的深度融合，创新信息时代的教育治理新模式，并积极推进以互联网等信息化手段为教育教学全过程提供服务。随着网络技术在教育领域中的广泛应用，传统教学模式已不能完全适应现代社会对人才培养质量的要求。我国高等教育一直致力于推进教育专用资源向教育大资源转型，从提升师生信息技术应用能力向提升信息化信息素养转变，探索基于互联网的教育教学新模式和信息时代教育治理新模式，以实现教育信息化向科学化、规范化和大众化的全面发展。当前我国高等教育已经进入"数字化时代"，"互联网＋"成为国家战略，为高校教育信息化带来新机遇、新挑战和新动力。我国高等教育信息化的演进历程可分为校园网络建设、数字化校园建设和智能化校园建设三个不同的阶段：

1. 校园网络建设

20世纪90年代，随着国内网络技术的迅猛发展，高校着手进行信息化建设，其中校园网建设成了主要的信息化建设方向。经过十多年的努力，我国高校已初步建成了校园网络系统，并取得了一定的成效。通过校园网的建设，高校师生可以享受互联网接入的便利，从而轻松获取网络资源并进行在线学习。在此阶段，高等教育机构逐步构建了校园网络的基础设施，以多媒体设备如幻灯片、投影仪、摄像机、影碟机等为核心，开始在校园内广泛推广和应用，同时，语音室、多功能演示室、多媒体网络教室等多功能化教室也逐渐开始建设。国家启动了现代远程教育计划，以支持高校自主实施校园网络建设和校内系统业务集成等工作。这些都极大地推动了我国高校的信息化进程。利用当时的通信基础设施资源，大多数高等院校兴建了连接中国教育和科研计算机网 CERNET 的校园网，为广大师生提供了便利的校园网络服务，实现了校内图书馆等资源的共享，促进了校内各部门之间的信息交流和协同工作。CERNET 还支持多项国家级大型教育信息化工程，其中包括中国教育和科研网格、现代远程教育以及网上远程录取等多个项目。目前国内许多院校已经建立起自己的校园网，并在此基础上构建出数字化校园环境。高校的信息化水平得到了提升，同时也为数字校园和智慧校园的建设奠定了坚实的基础，这一切都归功于校园网的建设。

2. 数字化校园建设

随着数字化校园建设的推进，高校教育信息化进入了数字化转型的新阶段。在21世纪初，为了推动现代信息技术与教育教学的深度融合，强调信息技术在教育改革中的应用，国家启动了高校数字化校园建设，其中包括校园管理信息化、高校现代远程教育以及资源共建共享等方面。在这一过程中，教育管理信息化起到重要作用。在互联网和校园私有服务器的基础上，教育管理信息化实现了对校园内各种业务系统和应用的无缝集成。目前，我国大部分高等学校已基本建成基于网络的办公自动化系统，并逐步向以计算机和通信技术相结合为主的信息系统转变。在此阶段，高等教育机构开始将信息技术运用于教学、研究和管理等领域。目前，我国已有许多院校建成了数字校园网。数字化和网络化的教学资源在高校得到了充分的应用，数字化教室的建立和多媒体教学设备的配备，为教学提供了更加便捷和高效的方式。校园网还提供了多种网络功能，如电子邮件、即时通信、视频直播和视频会议等。网络学习平台可帮助学生实现获取课程资料、参与在线讨论以及提交作业等。同时，数字化校园建设也是学校发展的必然趋势。利用信息技术进行教学设计和评价，是提升教师教学效果和学生学习成果的一种有效手段。随着教育信息化进程的不断推进，高校越来越重视对数字校园的建设与应用，并取得了一定成效。此外，高等教育机构还构建了数字化图书馆和科研平台，为师生提供了丰富的学术资源和科研支持，以促进学术研究和知识共享的发展。随着互联网技术的发展，各类网络资源已经成为学校重要的教学资源之一，并被广泛运用于课堂教学中。为了促进教育资源的共建共享，各高校根据自身学科优势和特点，开发了一系列基于校园网的教学资源库、网络教学课件和网络教学支撑平台，以便广大高校师生便捷、高效地免费享用高质量的教育资源。总之，随着互联网技术与信息交流技术的不断发展，我国高校的办学规模不断扩大，学校之间的竞争日益激烈，对高校教育信息化提出了新要求。随着数字校园建设的不断推进，高校教育信息化的应用领域和水平得到了显著的拓展和提升。

3. 智慧校园建设

进入智慧校园建设阶段后，高校教育信息化迎来更加智能化和智慧化的蓬勃发展，呈现出前所未有的活力和潜力。智慧校园是以互联网为基础，运用现代信息技术对学校进行全方位管理和服务，实现资源优化配置，提高管理效率的一种新型组织形式。随着云计算、大数据、人工智能等新兴技术的蓬勃发展和广泛应用，传统的高等教育管理模式已经无法满足当今高校信息化的需求，因此高校开始运用物联网、大数据、人工智能等前沿技术，以构建一个充满智慧的校园教学新生态系统。

自2012年起，我国开始初步探索智慧校园建设，教育部公布了第一批教育信息化试点单位名单，其中本科院校的试点重点集中在智慧校园建设机制和信息化条件下教育教学模式改革等方面的建设。当时，智慧校园的建设还处于试点探索阶段，尚未在全国范围内实现大规模推广。接着，在2018年，政府提出了一项旨在促进教育全过程中信息技术和智能技术深度融合的创新发展行动，以推动智慧教育的进一步发展。通过构建数字化学习环境，促进师生个性化学习，提高教学质量与效率。为了达成此目标，高等教育机构采用了"平台＋教育"服务模式，并构建了国家级数字教育资源公共服务网络。该服务体系通过云计算、大数据、物联网等先进信息技术，将各类资源进行整合利用，从而促进高等教育教学水平及教学质量的提升。这一措施为高等教育机构的数字化转型提供了重要的支撑。近年来，随着互联网应用水平的提升，我国高等教育已经步入新时代。随着时间的推移，政府对高等教育机构信息化发展的支持力度不断加大，相应的资金投入也在逐步增加。同时，随着大数据时代的到来和人工智能技术的飞速发展，互联网思维成为人们的关注热点，智慧校园作为一种新型数字化学习方式应运而生。在政策的推动下，智慧校园的建设正处于蓬勃发展时期。2022年1月，我国颁布了《"十四五"数字经济发展规划》，其中提出了进一步深化智慧教育的措施；在同一时期的全国教育工作会议上，提出了实施国家教育数字化战略行动的计划。当前信息技术对高等教育发展的支撑作用日益凸显，政策支持力度不断加大，政府及社会对高校信息化的资金投入不断增加，我国高校信息化发展正处于重要的战略机遇期，未来的发展前景广阔。随着新时代互联网技术与传统行业融合深度加快，高校信息化建设进入一个全新阶段，其内涵和外延都有很大拓展。在此背景下，高等教育机构信息化部门的角色定位已经发生了转变，从过去的技术支持转变为"治理"。同时，随着网络技术、通信技术、计算机技术等新技术应用于教育领域，高校的信息环境、资源结构、组织形式等都产生了重大变化。信息化已经成为支撑社会发展的重要支柱，发挥着不可或缺的作用。同时，随着国家教育改革的深入推进以及"互联网＋"时代的到来，高校信息化建设面临着前所未有的机遇与挑战。高等教育机构需对传统的管理模式进行革新和创新，以提升服务和管理的信息化水平，为教学和科研提供信息化支持，开创现代化的大学治理模式。

值得一提的是，高等教育机构在推进教育信息化建设方面已经达到了相当高的技术水平。从整体上看，我国高等教育正朝着现代化方向迈进，并呈现出蓬勃发展的趋势。在普及基础设施、共享数字资源以及深度融合信息技术与教学等方面，我们已经取得了显著的进展。同时，开展"互联网＋"行动计划、智慧校园试点示范工程等活动也促进了各高校信息化平台的构建和应用，并形成了一定规模的数据积累和信息资源库。这些研究成果为高等教育提供了更为广泛的可能性和机遇，为其发展注入了新的活力。当前我国高等教育进入大众化阶段，高校也开始向应用型转变。然而，高等教育机构在信息化建设方面仍然面临着一系列具有挑战性的复杂问题。其中，最主要的就是如何保障学校信息安全。高校必须不断更新设备，以跟上技术快速发展的步伐，适应不断变化的需求和趋势。同时，随着互联网应用的普及与深入，高校在网络安全方面也要做好准备。其次，高校应当加强信息安全意识和技术防护手段，以确保学生和教工的个人信息和敏感数据得到充分保护。

随着国家推进世界一流大学和一流学科建设战略的提出，以及一系列教育信息化政策的出台，我国高校已经实现了网络全面覆盖，优质资源的供给和教学应用水平得到了显著提升，数字教育资源公共服务体系已经基本建成，信息化对教育治理现代化的支撑效果显著，高校教育信息化已经取得了长足的进步，进入了智能化和智慧化的发展阶段。数字资源共享得以实现，同时积极探索信息技术与教学深度融合的实践。高等教育机构的信息化建设得到了政府政策和资金的有力支持。在新时期，高校数字化校园的构建还面临着一些问题，如基础设施不完善，缺乏统一规划和统一管理，缺少专业人才和技术支持等。高等教育机构应当持续进行创新和改进，不断提升信息化水平，以更好地支持教学和科研工作，并积极推动现代化大学治理模式的建立。高校要加强对信息化建设的重视程度，不断优化自身的软硬件环境，提高信息资源质量。高等教育机构必须迎接技术进步和信息安全等方面的挑战，以确保信息化建设的可持续性。

（三）高校教师信息化教学能力发展的阶段性分析

在高等教育信息化快速发展的大背景下，高校教师的信息化教学能力已经成为新时代教师专业化发展中不可或缺的关键要素，直接关系到高等教育人才培养质量的提升。在此时代背景下，高校必须高度重视提升教师的专业素养和教学技能。2018年《中共中央国务院关于全面深化新时代教师队伍建设改革的意见》中明确提出教师应主动适应信息化和人工智能等新技术变革，积极开展教育教学工作。同时指出，高校应加强对青年教师和骨干教师的专业素养提升培训。2019年中共中央、国务院印发《中国教育现代化2035》又强调要培养与信息技术相适应的新型教师和促进教师角色定位的转变。可见，信息化教学能力对于提升教师的专业素质和综合素养具有重要意义，也为高校教师在未来职业中实现自我价值提供保障。因此，在高校教师的职业发展过程中，提升信息化教学能力已成为必不可少的一环。

教师信息化教学能力的提升是一个不断演进的过程，具有明显的阶段性特征，包括关注应用期、学习模仿与迁移融合期以及智慧创造期。教师信息化教学水平随着信息技术和教育理念的进步而不断提高。随着时间的推移，教师在信息化教学方面的能力发展呈现出多样化的趋势。注重培养教师信息化教学能力，是进行教育改革的关键所在。在学习过程中，重点在于获取信息化教学知识和技能，并将其应用于信息化教学实践中，以促进学习和融合；反思创新期则侧重于教师信息化教学思维的养成和信息技术的运用。在智慧创造期，我们专注于开发信息化教学的智慧，以提升学生的学习效果和智力水平。从理论视角看，教师信息化教学能力是指通过信息技术支持实现的对信息资源和教学服务的获取、处理、利用等一系列活动的总和。教师信息化教学能力的演进过程经历了不断探索实践和完善自身专业知识结构体系、提升信息技术运用水平以及强化对学生信息素质培育等三个主要环节。目前，我国高等教育界对于教师信息化教学能力的培养仍处于起步阶段，面临着众多的挑战和问题，学术界主要集中于信息技术应用背景下高校教师信息素养、信息化教学模式以及教师信息化教学能力评价等方面。对于过去40年教育信息化的演进路径进行反思，可以揭示高校教师信息化教学能力发展的阶段性和过程性因素，从而推动高校教师适应信息化的发展，提升信息化素养和教学能力，促进高校教师队伍的建设，同时也有助于推动高等教育内涵式发展。

1. 高校教师信息化教学能力发展的关注应用期（1978—1999）

教师的专业成长离不开其教学能力。在传统社会中，教师一直是教育信息的主要来源，而作为教师职业的重要能力，教学能力也是维护教师权威的关键因素。随着现代信息技术与课堂教学深度融合，教师的教学活动发生了很大改变，教师不再局限于课堂知识传递者和灌输者的角色，而是成为学生主动参与、积极探究的参与者、合作者及引导者。随着信息化的发展，高校教师的教学能力正面临着前所未有的挑战，因为传统教师的教学信息来源和教学能力已经被互联网解构，呈现多元化的趋势。随着高校教学改革不断深化，以"教"为中心的课堂教学模式受到了严峻挑战。在信息化时代，学生的学习需求已经超越了传统教学模式的能力范围，因此，高校教师必须迅速实现从传统教学能力向信息化教学能力的转型，这是一项紧迫的任务。教师信息化教学能力虽然具有一定程度的滞后，但它却是高校培养高素质人才不可或缺的一个方面，必须予以重视和加强。在教育信息化的起步阶段，教师必须审慎对待信息技术，不能盲目崇拜或盲目接纳，也不能完全抛弃。随着教育技术应用于课堂教学后，信息技术成为提高教学质量的利器，同时教师的作用不再是单一的知识传递者，而成为促进学生自主建构知识和学习发展的引导者、合作者和帮助者。随着教育信息化深入发展，教师将面临更加激烈的市场竞争，而这一切都取决于能否适应新形势的变化。教师为了保持其专业地位，必须积极应对信息技术带来的挑战。

信息化社会中教师的教学能力呈现出以下转变。（1）由"单一性能力作用"向"多元化能力作用"转变。在信息技术条件下，学生的学习方式发生改变，对知识和技能掌握程度的要求提高了。传统的教师在获取教学信息方面缺乏多样性，这限制了他们充分发挥教学能力的空间。在信息化时代下，教师不仅要有丰富的教学资源和较强的专业技能，还要掌握多种信息技术技能，才能满足现代社会对高素质人才的要求。随着教育信息化萌芽期的推进，教学信息的获取渠道呈现出多元化的趋势；随着信息技术与学科整合研究的深入和推广，教师的课堂教学行为也发生了改变。（2）由"个体性能力作用"向"群体性能力作用"转变。这意味着，教师在信息环境下的教学活动不再仅仅局限于课堂上，而是通过多种渠道与其他个体进行交流和沟通，以达到资源共享、共同发展。在传统社会中，教师的教学能力一般限于本班级和本学校的教师群体，而其他方面的作用则相对有限。信息化社会中教师教学的功能发生改变，更加关注如何帮助学生掌握有效的学习方法。教师信息化教学能力的影响范围广泛，不仅限于本学校的教师，甚至涵盖了网络世界中的任何一个角落。因此，教师教学能力发展不仅包括知识与技能的习得，还包含了基于信息技术支持下的信息素养教育等方面的内容。（3）由"直接性能力发挥"向"间接性能力作用"转变。教师的教学能力对学生学习效果具有重要影响。相较于传统社会中教师直接的教学能力，信息化教学能力可通过间接、开放、在线的方式施行。因此，从信息技术视角看，"信息素养"应该成为教师专业素质的重要组成部分。在数字化教学环境中，教师的授课技能能够有效地推动学习资源的公正共享。（4）由"促进教师教学能力发展"向"促进学生学习能力发展"转变。在传统社会中，教师的教学能力培养旨在实现知识和技能的传授，以提升其教学水平。在当今信息化社会中，教师的教学能力不仅是为了提升教学水平，更重要的是为了满足不同学生在信息化学习方面的多元化需求。提升教师信息化教学能力，不仅是一种形式上的变革，更是一种价值取向的转变，目的在于实现教师教学能力和学生学习能力的协调发展。

除了对教师信息化教学能力的关注，我们还需要对教师自身的角色定位进行重新审视，以便更好地使其发挥作用。随着信息技术在教育领域的普及应用和发展，教育技术学专业的课程设置也发生了较大改变。随着信息技术的介入，教学过程中各要素之间的相互作用将会发生相应的变化。这些变化对教师的影响将直接决定教师在课堂中扮演何种角色。为了适应这种变革，教师必须实现自身角色的转变，以适应时代的发展和社会的变迁。因此，对信息时代教师角色转变问题进行研究具有重要意义。对于信息时代下教师角色转变的研究，众多学者从多个角度提出了大量观点，其中霍力岩指出，信息时代的教师不仅是学生自主学习的引导者和创造能力的培养者，更是学习方法的施予者和因材施教者[1]；根据柯森的观点，在信息时代，教师不仅扮演着教研员的角色，还负责指导和组织学生的学习，同时也是各种关系的协调者和学校事务的管理者[2]；宋广文提出，在信息时代，教师不仅是知识体系的构建者和课程教材的研究者，更是未来生活的构建者和人际关系的艺术家，具有创造性的思维和实践能力[3]。本章节在此基础上进一步探讨了信息时代教师角色转变与传统教育观念之间存在的差异及原因。在考虑到教学活动、学生、专业发展等多个角度的基础上，本章节旨在探讨信息化社会对教师角色的影响。

在信息化社会中，教师不仅传授知识，还需要设计多样化的教学方法，并开发数字学习资源和评估工具，以适应教学活动的需要。在这一背景下，本书提出了基于信息技术的"分层递进式"教学模式。为了推动信息化社会中不同学习风格学生的学习能力发展，我们需要建立一个数字化学习环境，该环境应该多样化，适合不同学生自主发展的需要，并且能够有效合理地评估学生的学习效果。因此，信息化社会中教师应具备良好的信息素养，掌握先进的教育理念与技术。在信息化社会中，教师的职责不仅在于提升自身的

---

[1] 霍力岩，孙蔷蔷，胡恒波. 中国学前教育指标体系的理论构想与适用性考察[J]. 教育研究，2019（2）：70-71.

[2] 柯森. 论信息时代教师角色的转变及师范教育的发展趋势[J]. 教育研究，1997（6）：74-76.

[3] 宋广文，魏淑华. 论教师专业发展[J]. 教育研究，2005（7）：71-74.

教学能力和合理性，更重要的是要支持学生使用数字化工具进行学习，并为他们提供指导，以实现因材施教，全面发展不同学生的信息化学习和创新思维能力。在当今信息化社会中，教师必须具备数字化学习和工作的能力，以适应专业发展的需求。这要求教师必须掌握计算机语言及相关知识和技能，同时还需要对教育理论有较深入的了解，并且善于利用现代教育技术手段进行教学。除了基本的教学技术知识外，教师还需要掌握信息技术在一般教学法和学科教学法中的应用技巧。

在教育信息化的萌芽阶段，教师信息化教学能力的关注应用期主要涵盖了传统教学模式向信息化教学模式的转变以及教师身份的重新审视两个方面。随着信息技术的发展，教师作为教学活动的主导者，其作用也会随之发生改变。在教学过程中，教师不再是学生唯一的信息来源，来自教学实践和媒介资源的丰富信息都成为信息的来源，因此，教师需要成为多元化教学信息源的重要帮助者和指引者，不断完善自己的信息化知识体系和能力素质。

2. 教师信息化教学能力发展的学习模仿与迁移融合期（2000—2017）

2000年至2017年，教师信息化教学能力发展进入了学习模仿与迁移融合的阶段。在这一时期，教师开始积极学习和模仿信息化教学的先进经验，同时将这些经验迁移到自己的教学实践中，实现信息化教学能力的融合发展。

高等教育信息化的快速发展要求教师具备高度的综合素养，掌握计算机、软件、网络等多个领域的知识体系，了解高校在不同场景下的运行模式，并具备现场实施和管理的经验。随着信息技术的不断革新，高校师资结构发生着深刻变化，传统的"一专多能"型师资队伍已不能满足需求，新型创新型人才培养成为当前高等教育改革中亟待解决的问题之一。这类具备高度综合素质的人才，需要具备长期的从业经验和持续的学习能力，方能在行业中获得相应的经验和技能，而其培育周期也相对漫长。目前，我国大多数高校已经开展了相关课程的建设工作，但仍处于探索阶段。因此，在教育信息化1.0阶段，高校教师的信息化教学能力得到了充分的提升。

该阶段教师全面提升了教学行为的质量。第二阶段是在信息技术与学科整合的基础上，教师对自己的信息化教学能力进行系统评价，并提出相应策略。在这一阶段，教师注重实践性知识的获取，采用了面对面、网络在线和自主学习等多种方式，形成了一个系统化、一体化的完备内容体系。教师信息化教学实践与信息技术课程整合也体现了对教育技术学专业学生综合能力的要求。教师信息化教学能力的系统化知识结构和能力素质，以及职前教师信息化教学的培养和在职教师信息化教学能力的教学实践和培训的一体化发展，都贯穿了教师信息化教学能力发展的全过程，而教师的自我发展则是其中不可或缺的一环。本书认为教师信息化教学能力是由信息技术素养、信息意识、信息态度以及信息行为构成的有机整体，它具有层次性特点。教师信息化教学能力的进阶之路始于对教学信息化的持续关注，从理论的引领到实践的探索，再到理论的深度挖掘；从单一走向综合，最终形成完整系统的教育理论体系。深化后的理论与实践相互交融，形成了一种螺旋式上升的能力发展模式，通过实践经验和理论知识的有机结合，提升了教师信息化教学的能力。

在教育信息化1.0时期，高校教师的信息化教学能力需要适应信息化教学环境，具备学习、模仿和掌握信息化教学基本技能的能力，并能够灵活运用不同情景和技术进行迁移和融合。为此，要通过提升高校信息化教学能力来培养新型师资，即通过提高职前教师的信息技术素养来提高职后教师的信息素养。具体来说，一是职前教师在"学习模仿期"的学习、模仿与体验，在知识技能学习时的实践，也包括职前教师在专业实习中的信息化教学实践智慧积累；同时也要注重提升职后教师的信息化教学能力，培养教师运用信息技术解决问题的意识与习惯。二是在职教师在"迁移融合期"的教学实践中，通过不断积累以促进教学，将所学知识和技巧与真实的教学场景有机地融合在一起，实现知识和技巧的有机结合。三是教师之间的信息化协同合作教学是培养信息化教学人才的有效途径之一。当然，还包括在职教师参与相关教师培训项目时所积累的信息化教学经验，以及通过教师间的信息化协作教学和对话交流所获得的实践智慧等。总之，本研究以信息技术发展为背景，探讨了如何将教师个人的实践经验转化为可操作的教学资源并用于指导中小学教师开展教学活动。在教育信息化2.0阶段，高校教师的信息化教学智慧和创造力将得到充分发挥，从而促进教育信息化的进一步发展。

3. 高校教师信息化能力发展的智慧创造期（2018年至今）

教育信息化2.0行动计划是根据历史成就而产生的内在需求新跨越，是顺应智能环境下教育发展的必然选择，更是充分激发信息技术革命性影响，加速教育现代化进程的重要措施和有效手段。当前我国高等教育正处于数字化转型升级的重要战略机遇期，教师作为推动教育信息化建设的主要力量，其教学理念、教学方式等都会发生根本性改变。在教育信息化2.0阶段，注重个体发展，将推动教育信息化从"量变"向"质变"转变，激发教育系统的变革，实现教育信息化的融合创新和发展，从而产生技术和教育的融合效应，这是充分发挥高校教师信息化能力、智慧和创造力的时期。

叶澜从未来教师队伍综合素质的角度分析认为，教师不仅要掌握专业学科知识，还要具备理解他人及与人交往的能力、管理能力及教育研究能力等新能力，只有将多种知识及这些能力相结合，教师才能展现教育智慧[1]。所谓教学智慧，就是具有创造性思维方式的教师能够创造性地完成教学活动过程的能力。正如《教育大辞典》所述，教学智慧是教师在面对错综复杂的教学环境时展现出一种敏锐的判断能力，在面对各种情况时所表现的一种灵敏、迅速、准确、恰当的判断能力。当面对那些超出预期的问题，以及那些处于激情状态下的学生时，教师所展现出的能力是不可小觑的。教学智慧是指教师面对复杂的教育环境时具有敏锐洞察力并能做出相应决策的本领[2]。根据王鉴的观点，教学智慧是教师在面对错综复杂的教学环境时所展现出的一种敏锐、敏捷、精准的判断和行动能力，即教师面对各种可能发生或已经发生的事件或情况时所做出的正确反应及相应策略[3]。黄伟等将教学智慧比喻为"跳荡在教学情境中的燧火"，只有将教学智慧融入教师的教学中，教学才会有生命的活力[4]。

教学智慧聚焦于教师的教学层面，关注的是现实中的教学实践问题和教学难题，而教育智慧的领域显然比教学智慧更为广泛。在高等教育信息化2.0时代，教师的角色应当从单纯的知识传授转变为启迪学生的智慧，培养学生的创新思维和实践能力，以适应时代的发展和社会的需求。教师不仅要有渊博的专业知识和丰富的实践经验，还需要具有良好的信息素养。教师在时代的浪潮中肩负着新的使命，同时也是自我成长的内在驱动力。作为一种全新的教学理念，智慧成为信息时代高校教师必备的核心要素之一。为了适应这种角色的显著转变，教师必须具备相应的智慧，以应对不断变化的教育环境

---

[1] 叶澜. 新世纪教师专业素养初探[J]. 教育研究与实验, 1998, (1): 41-46, 72.
[2] 顾明远. 教育大辞典: 增订合编本[M]. 上海: 上海教育出版社, 1998: 716.
[3] 王鉴. 教学智慧: 内涵、特点与类型[J]. 课程·教材·教法, 2006, (6): 23-28.
[4] 黄伟, 谢利民. 教学机智: 跳荡在教学情境中的燧火[J]. 北京大学教育评论, 2005, (1): 58-62.

和社会需求。因此，作为高校教师，要通过各种途径提高自己的智慧水平。在信息化时代，教师需要具备信息技术素养、信息意识、信息处理能力以及信息道德等多方面的综合素质，以适应时代的发展和社会的需求。这些素质主要由教育技术理论水平、掌握信息技术的能力、应用信息技术处理问题的能力、信息素养等四方面因素构成。在数字化社会中，教师必须不断进行知识的创新，这种创新不仅能够孕育出教师的信息化教学智慧，更是一种独特的信息化教学知识和能力类型，它在教师在不断学习知识和技能、积累教学实践经验以及协作教学与反思中逐步发展和形成。因此，对教师信息化教学智慧进行研究具有重要意义。教师的信息化教学智慧涵盖了信息技术的应用、信息素养的培养以及创新能力的提升，这三个方面的内容共同构成了教学的核心。从本质上说，信息化教学智慧是教师在教学过程中所体现出来的独特的专业特质和综合水平。在解决信息化教学问题和教学困惑的过程中，教师逐渐形成了一种教学实践能力，这种能力被称为信息化教学智慧，它能够帮助教师更好地应对数字化时代下的教学挑战。信息化教学智慧可以通过课堂教学实践来检验，也可以用"课堂观察"的方式加以发现。信息化教学智慧涵盖了信息技术意识的培养、信息资源开发应用能力的提升、教育技术运用能力的加强以及信息处理分析能力的加强，这四个方面共同构成了信息化教学的核心。教师信息化教学的理论研究主要集中在信息技术对学生学习影响及作用机制的探讨上。教师信息化教学的理念已经融入教学过程的各种不同教学场景和环节中，这是显性和隐性知识的完美交融，同时也是信息化教学实践和理念的完美融合，更是教师专业发展和信息化教学行为价值追求的重要基石。

二、高校教师信息化教学能力发展的结构性回顾

教师信息化教学能力的提升旨在推动学生的全面成长，为国家培养一批又一批具备高素质的人才。本书在此基础上提出了教师信息化教学能力结构模型。教师的信息化教学能力是一项涵盖多个方面的综合能力，它是由信息化教学技术所构成的，旨在提高学生的学习效果和综合素质。其中，信息素养是最重要的组成部分之一，对其进行研究有助于推进教师信息化教学能力建设，实现教育公平。在信息化社会中，教师必须具备将信息技术有机地融

入教学活动中的能力,这是教师发展的核心所在。本书在对国内外相关研究进行研究的基础上,提出了基于"三维"结构视角下的教师信息化教学能力体系模型。通过对教师信息化教学能力发展的结构性因素进行横向维度的探究,可以有针对性地提升我国教师的信息化教学水平,从而推动我国教育信息化和现代化的进程。

(一)高校教师信息化教学能力发展的知识结构变迁

在信息化时代,高校教师的教学能力发展所需的知识结构呈现出一定程度的分层结构。教师的教学能力对学生学习效果具有重要影响。为了满足教师教学能力多样化的需求,教师信息化教学能力发展所需的知识结构可以被划分为三个不同的层次,第一层次包括学科内容知识(CK)、教学法知识(PK)、技术知识(TK)以及学科教学知识(PCK)。教师信息化教学能力的根基在于这四方面知识,它们为其提供了坚实的知识支撑。教师信息化教学能力发展所需的知识主体包括涉及整合技术的学科内容知识(TCK)以及整合技术的教学法知识(TPK)。TPACK作为教师信息化教学能力的至高要求,涵盖了整合技术的学科教学知识,是第三层次的知识体系。

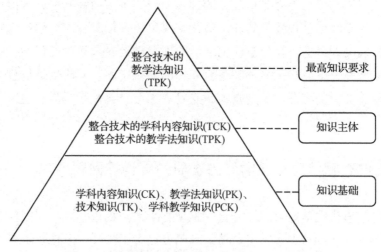

图3-2 高校教师信息化教学能力发展的知识结构图

第一层次的知识,是教师信息化教学能力的知识基础。其中包括(1)学科内容知识(CK),即教师对所授学科的深入理解和掌握,涵盖学科的核心概念、基本原理和前沿动态等,为教师从事学科教学提供专业知识储备。

(2) 教学法知识（PK），是指教师在课堂管理、教学设计和评估等方面的知识和应用能力，适用于一般的教育教学知识，包括但不限于教学准备、实施、管理、评价、目标和过程认识等方面，以推动教师和学生的学习。(3) 学科教学知识（PCK），是指教师将学科知识、教学法知识和技术知识有机融合，运用于学科教学实践中的综合能力，包括学科知识和一般教学法的有机结合，涉及对学科知识的表达、传输和呈现等方面，以便提升教学过程中的教学效果。(4) 技术知识（TK），它涵盖了对教科书、粉笔、黑板、模型、教具等的使用技能，以及应用幻灯、投影、广播、电视、计算机、互联网等硬件的知识和技能。

  第二层次的知识，是教师信息化教学能力发展所需的知识主体，具体内容包括：(1) 整合技术的学科内容知识（TCK），指的是教师将信息技术与学科内容相融合，以创造性的方式设计和实施教学活动的能力，而教学技术则使学科知识以更加便捷、灵活的方式表达、呈现和扩展，从而实现信息化的目标。在教学实践中，教师应结合教学内容，合理利用多种教学手段，创设情境或问题，让学生通过自己探索发现解决问题的方法，从而掌握学习技能。当然，针对不同学科的具体内容，我们可以采用相应的教学技术，以达到最佳的教学效果。(2) TPK 是一种将信息技术与教学方法相融合的教学法知识，教师可以灵活运用各种教学策略和工具，以提高教学效果。在教学过程中引入教学技术后，教学要素发生了转变，这不仅是对原有教学法的巩固和拓展，同时也催生了一些新的教学方式，例如探究式教学在网络环境下、协作教学以及基于信息技术环境下的情景教学等。

  第三层次的知识，是教师信息化教学能力的最高知识要求，包括整合技术的学科教学知识（TPACK），这种知识是教学技术与学科知识、一般教学法融合后产生的，是教师信息化教学能力发展中获得知识的最高境界和追求。第四层次的技能，是教师信息化教学活动实践过程必须具备的一种基本素养和能力。在学科教学中，这类知识已经超越了学科知识、教学法知识和教学技术知识的内涵，而是通过三种知识的融合和动态平衡，创造出适合学生学习的信息化教学情境，从而拓展教师的信息化教学，更好地促进教师信息化教学能力和学生信息化学习能力的发展。第四层次的技能，即教师专业实践能力，它包括教师信息素养和信息技术应用水平两个维度。教师信息化教学能力的核心要素涵盖教学技术、信息化学科、信息化教学法以及信息化学科教学法等多个方面的知识。

(二) 高校教师信息化教学能力发展的能力结构变迁

在现代教学理论的指导下，教师运用教育技术手段，以信息技术为支撑，实现教学的信息化能力。教师信息化教学能力具有实践性、开放性、发展性、创造性及主体性等特征。为了推动教师的专业成长，教师需要在教学相关要素的观念、组织、内容、模式、技术、评价和环境等方面进行创新和设计。其核心问题在于如何提高学生学习信息素养的水平。教师在信息化教学方面的能力呈现出多元化、动态性、分阶段和差异性等特征。教师的信息化教学研究主要集中于如何运用信息化手段优化课堂教学、培养学生信息素养、开发校本课程资源以及构建学习型学校等方面。随着社会经济的不断发展，教育对教师的教学能力提出了更加多元化的要求，尤其是在信息化教学方面，教师的能力成了至关重要的因素。因此，研究如何培养和提升教师的信息化教学水平就显得尤为重要。教师信息化教学能力的提升必须建立在对其能力结构的深刻理解之上。

1. 信息化教学资源整合和设计应用能力

信息化教学资源是经过精心筛选和有序组织，为学习者提供适合自身发展的有益信息的综合体。其内涵涵盖了教育技术学领域中各种不同类型和形式的教育资源。所涵盖的教学资源包括但不限于媒体素材、教案、课件、试题、案例等，同时还包括网络课程、教学资源库、专题网站以及通用远程教学系统支持平台等。教师作为教学活动的主导者和知识建构的参与者，其对教育资源的利用情况直接影响着教学质量。高校教师作为智慧教学的先锋，必须具备灵活运用多元化媒介、实现教学资源互联互通的能力，以促进资源的高效传输和利用。因此，对高校信息化教学资源进行有效的开发和管理就显得十分有意义。信息资源的整合固然重要，但更为关键的是如何最大限度地利用这些资源，以实现信息资源的最大化利用。为此，教师应注重对各种教育资源进行收集和整理，并根据实际需要选择合适的载体加以呈现。在此基础上，教师运用信息化教学手段，将这些整合好的资源有机地融入信息化教学实践中，以提升教学效果。信息化教学手段的运用能力指的是教师在教学实践中运用现代化的教学工具、设备和网络平台，以提升教学效果的能力。信息技术与学科课程深度融合是提高学生综合素质的重要途径。实现信息化教学的前提在于熟练掌握并灵活运用各种教学手段。智慧校园建设为教师提供了良好的学习环境和平台条件，但同时也存在着一定的问题。

2. 信息化教学整合能力

信息化教学整合能力的构成要素包括三个方面，它们共同构成了第一层次的知识体系：

（1）将学科知识与信息技术有机融合，形成信息化学科知识能力，实现信息技术与学科知识的无缝衔接。当信息技术与学科知识相互交融时，不仅会孕育出全新的学科知识形态，同时也会为原有的学科知识形式注入全新的内涵，这是对新时代教师提出的一项全新要求。

（2）具备将信息技术与一般教学法有机融合的能力，以提升信息化教学法的教学效果。在信息技术与一般教学法相互交融的过程中，孕育出一类全新的知识类型，这需要教师具备将信息技术与一般教学法有机结合的能力，同时也需要教师对信息化情景中的基本教学原理、方法和策略有充分的认识。

（3）具备将信息技术与学科教学法有机融合的能力，以提升信息化学科教学法的教学效果。因此，对信息技术与课程整合能力培养进行研究具有重要意义。信息技术和学科知识相互交织、相互渗透，形成了一种独特的知识状态，这种状态不仅需要教师熟练掌握教学技术和学科教学法知识，更需要教师将二者有机融合。只有将信息技术与学科内容知识、教学法有机融合，充分发挥各类知识内容与各种方法策略的优势，不断提升教师的教学效率和能力，才能不断增强教师信息化教学能力，从而推动信息化社会中不同学生学习能力的全面发展，促进我国教育现代化进程。

3. 信息化教学实施能力

教学是一种交流和合作。随着信息技术的发展，信息化教学成为现代课堂教学改革的重要方向之一。在某种程度上说，教育是人类一项独特的社交行为。它既包括信息获取能力、信息处理能力和信息加工能力，也包括运用信息技术组织教学的能力。在信息化教学过程中，教师和学生之间的互动有助于促进良好交流，从而有效提升学生的能力水平。信息化时代对人的发展提出了新要求，即要实现由传统学校到现代社会的转变，这就需要教师具备较强的信息素养。在信息化教学过程中，教师需要展现出信息化教学实施能力，这是师生在教学活动中进行信息化互动和交往实践的过程，同时也是反映教师与学生之间关系的重要指标。信息技术作为一门学科，对学生来说具有一定的难度，而信息技术课程又有其自身的特殊性。在信息化社会的教学中，老师的职责不仅在于传授知识和技能，更在于培养学生自主学习的能力，这是一项至关重要的任务。在信息化时代，信息技术为我们提供了更加丰富多样的教育手段和方法，使得课堂不再枯燥乏味，而是变得丰富多彩起来。因此，教师与学生之间的良好互动与交流是建立师生关系网络的必要条件。在这种背景下，教师应该加强自身的教育技术应用能力，以适应时代发展对信息技术人才的需求。在信息时代，教学方式更加注重倾听学生的声音，发现不同学生的独特特点，并将教师和学生置于平等的沟通地位，学生的学习方式也趋向于合作、对话和交流。教师在实施信息化教学时，需要具备课堂信息化教学和虚拟信息化教学两方面的能力，以确保教学效果最大化。

（1）课堂信息化教学实施能力，是指在教学过程中，教师和学生之间相互协作、交流、合作的能力和水平。在课堂信息化教学活动中，教师应当具有良好的教育理念，掌握信息技术，并能熟练运用到课堂教学当中去，从而为培养新型人才服务。在课堂信息化教学中，必须确保教师和学生之间建立起一种平等的、富有互动性的教学互动关系。因此，教师必须具备相应的信息素养。教师具备设计多样化的学习过程、开发多样化的学习资源、组织多样化的学习活动等能力，以引导学生不断提升学习和创新能力，从而促进学生积极主动地学习。教师不仅可以通过各种信息手段为学生提供知识背景和解决问题的思路，帮助学生构建完整而又清晰的知识结构体系，而且还能培养学生良好的思维品质和科学探究能力。在课堂信息化教学的环境中，教师需要与学生进行信息交流和沟通，以实现与学生之间的平等互动。教师还应该积极利用现代信息技术，为课堂教学营造良好的氛围。为了使学生更好地适应信息化时代的学习方式，促进学生学习的信息化水平的提高，教师应当根据学生的个体差异和学习需求，提供个性化的信息化指导。因此，教师的课堂教学过程需要通过信息的传输来完成。为了确保课堂信息化教学活动的有序顺利开展，教师需要协调学生学习和教学序列，以达到合理的教学效果。因此，教师应加强对课堂教学中信息交流与互动活动的组织管理。教师在进行课堂信息化教学时，必须具备高超的信息化教学协调能力，这是达到教学效果的重要保障。教师在课堂信息化教学中的交际能力，是衡量其教学效果和学生学习成果的重要指标。

（2）在虚拟的信息化教学过程中，教师和学生之间的教学实施能力被称为虚拟信息化教学实施能力,它是指师生之间在虚拟的信息化教学过程中的教学实施能力。因此,虚拟信息化教学实施的主体,除了教师以外,还有学生、家长以及其他信息传递者。在信息化时代,教学实施更多地涉及虚拟信息化教学的能力,即通过媒介实现线上互动。同时,教师还要根据不同的情况,选择合适的教学方法。在信息化教学交互中,教师可以通过多种媒介,如手机、电脑等,为学生提供丰富的学习资料和相关内容,同时在线监控学生的学习行为,并通过线上学习的方式,尽可能地帮助学生解决各种学习问题。虚拟信息化教学的交互能力不仅包括教师与学生个体之间的互动,还包括教师与学生群体之间的互动,以及学生与学生之间的虚拟对话和合作。

4. 信息化教学评价能力

教师在信息化教学中的评价能力是教育现代化的重要组成部分。它主要体现在对信息化教学和学生信息化学习的价值判断、教学行为的调整以及对学生学习行为的规范指导等方面。

首先,教师需要对信息化教学的意义和价值进行准确的评估。他们应该清楚地认识到信息化教学对学生学习的促进作用,以及信息化学习有助于提高学生的综合素质。信息化教学可以提供更广泛的学习资源和交流平台,激发学生的学习兴趣和创造力,培养学生的信息素养和创新能力。因此,教师需要积极拥抱信息化教学,充分认识到其对学生发展的积极影响。其次,教师需要根据信息化教学的特点和学生的信息化学习需要,灵活调整自己的教学行为和策略。教师应该熟练掌握各种信息技术工具的使用方法,并合理选择和运用这些工具,以提高教学效果和学生的学习动力。教师可以通过利用多媒体教学、网络资源和在线学习平台等手段,创设丰富多样的学习环境,激发学生的学习兴趣和主动性。同时,教师还应注重信息技术与学科知识的有机结合,使学生能够在信息化学习中获得更深入的理解和应用能力。此外,教师还需要对学生在信息化学习中的行为进行规范指导。他们应该引导学生正确使用信息技术工具,培养良好的信息素养和学习习惯。教师可以教授学生如何有效搜索和筛选信息,如何评估信息的可靠性和有效性,以及如何合理利用信息解决问题。通过规范指导,教师能够确保学生在信息化学习中获取有效的信息和知识,避免信息过载和信息误用的问题。

通过以上几个方面的评价,教师可以优化教学过程,提高学生的学习效果和综合素质。在信息化社会中,教学评价不仅关注教师的教学表现,还注重对学生全面发展和整体素质提高的综合评估。因此，教师的教育技术应用水平对于学生在课堂上获取信息和知识的质量有着重要的影响。因此为了培养适应现代教育技术要求的新型教师人才，加强教师的信息化教学评价能力建设是必不可少的。教师的信息化教学评价能力可以分为对学生信息化学习的评估能力和对教师信息化教学的评估能力两类。这两类评估能力相互关联，共同推动信息化教学的发展。教师应不断提升自己的信息化教学评价能力，为学生提供更好的教育服务，促进教育现代化的进一步发展。

5. 信息化教学迁移（研究）能力

迁移能力是指将所学知识从一个环境中提取出来并应用到另一个环境的能力。在教育领域中，教师信息化教学水平对学生迁移能力具有重要的影响。它不仅可以促进信息技术与学科课程的整合，还能提高课堂教学的效率。教师信息化教学的迁移能力包括纵向迁移和横向迁移两个方面。

纵向迁移能力指的是教师将学习获得的知识技能直接用来解决信息化教学中的实际问题。这种能力要求教师将信息化知识与实际问题相结合，将其应用于现实的信息化教学活动中。通过纵向迁移能力，教师能够更好地应对各种信息化教学挑战，提高教学效果。横向迁移能力强调教师如何将之前的教学经验运用到其他的信息化教学环境中去。这种能力使教师能够将已有的信息化教学能力进一步发展和提升。通过横向迁移能力，教师能够适应不同的信息化教学环境，灵活应用各种教学工具和技术，提供更多样化的教学方式。

教师信息化教学的迁移能力可以从学习兴趣和动机、信息技术素养以及信息获取与整合三个维度来构建。首先，教师需要具备对信息化教学的浓厚兴趣和积极的学习动机，才能不断提升自己的信息化教学能力。其次，教师需要具备扎实的信息技术素养，可以熟练掌握各种教学工具和技术的应用。最后，教师还需要具备良好的信息获取与整合能力，能够主动获取和整合与信息化教学相关的知识和资源。

教师信息化教学的迁移能力是构建教师信息化教学能力的基石，同时也是培养我国教师信息化教学能力不可或缺的关键要素。只有具备良好的迁移能力，教师才能在不同的信息化教学环境中灵活应用所学知识和技能，提供高质量的教育教学服务。因此，教育部门应重视培养教师的迁移能力，为其提供相应的培训和支持，以推动信息化教育的发展。同时，教师个人也应积极主动地提升自己的迁移能力,不断适应教育变革和技术创新的需求,为学生提供更好的教育体验。

(三) 高校教师信息化教学能力发展的价值取向变迁

信息化教学的价值取向就是对信息化教学中按照某种价值观念进行价值选择和行为决策时所表现出来的价值倾向性。教育信息化2.0时代,我国更加注重开放式的教育,教师与学生将不断注重互相学习、平等对话,在互动化教学过程中,学生处于主动地位,更愿意分享自己的想法和观点,而在观点碰撞的过程中,知识会潜移默化地进入学生的脑海中,学习效率会大幅提升。我国教育信息化经历了几个发展阶段,教育信息化的价值取向也在不断改变。当代信息化教育的目标是人的全面发展,提高教师的信息化水平、完善信息化基础设施等都是培养高素质人才的举措,这些举措可以提高我国全面发展的高素质人才的比重,不断推进我国人才强国战略的发展。

1. 致力于凸显互动式教育的重要性

在信息化教学领域,存在两种典型观点,其中一种认为通过运用信息化手段来支持"教",另一种则更加强调教师在信息化教学中的作用,凸显了老师单一主体的地位。信息化教学的本质就是以信息技术为载体实现教与学方式上的变革,而不是单纯地把信息技术作为辅助工具使用。在此观点的指引下,信息化教学更加注重运用数字化手段以提升教学效率和成效。这种观点比较重视信息化教学与信息技术之间的关系,强调信息化教学是为了更好地为教学服务。另一种观点主张,信息化教学应当以学生是否真正实现"学"为评判标准,因为信息化教学的目的在于支持学生的"学"。第二种观点与第三种观点都比较接近信息化教学的本质——让信息技术更好地为教学服务,从而使师生之间建立起更紧密的关系。这一观点较第一种观点更具前瞻性,它聚焦于教学对象和教学目标,更加强调学生在信息化教育过程中的地位,是一种以学生为中心的教学模式,这种模式充分发挥了学生的主体作用,有助于改善传统的教学方式。

这两种观点主要探讨了信息化教学的基本思路,从教学效率和学习目的两个角度出发,彰显了人们强烈的"工具理性"思维。工具理性是一种认知能力,它反映在计算、测量、组织和预测等技术行为中,旨在追求最大化行动效率和功利价值。在这个意义上,信息技术的发展就成为一种工具或手段而非目标。在早期的信息化教学实践中，这一种理性思维工具发挥了相当重要的作用。随着信息技术的发展以及社会经济环境的变化，"信息工具主义"成为一种主流趋势，它强调信息技术对人类活动方式的影响及由此引发的教育变革，并以此来促进人的全面发展。然而，基于工具理性的课堂教学倾向可能导致教学伦理和教学之间的双重性缺失。信息化教学具有主体性特征，它要求课堂上师生双方都要有一种平等对话的意识和民主精神，而非简单地将知识灌输给学生。在关注信息化教学有效性的过程中，我们不能陷入工具理性的困境，我们需要更加注重师生主体之间的情感融合和教学互动，而不仅仅是关注教学效果和效率。只有将二者相结合才能够真正实现有效课堂教学，也才能使信息技术更好地为教育教学服务。若仅从教师的"授课"和学生的"学习"两个角度来看待信息化教学，则会割裂教学主体之间的互动性，容易导致教学过程的机械化。信息化教学是一种新型教学方式，它强调的是教与学的交互关系，而非单一的、单向度的教学模式。在转向以学生为中心的学习过程中，我们需要深入思考如何让学生在轻松愉悦的氛围中获得收获，同时更加注重互动式教学。

相较于传统教学，信息化教学具有更为显著的互动性和影响力，它不仅能够凸显学生在学习中的主体地位，同时也能够提高教师的教学效率，因此，单纯从二者中的某一方面进行提升都无法被视为有效的信息化教学。要真正达到有效地实施信息化教学就必须注重信息化教学中双主体性问题的解决。在信息化教学中，我们需要关注教学主体的双重性，以及教学过程中师生之间的相互作用。信息化教学是一个复杂的系统工程，其中涉及诸多要素和环节，本书就如何构建基于主体间性理念的信息技术课信息化教学策略进行探讨。在信息化教学中，必须确保教师和学生在教学过程中享有同等的主体地位，不能将其他主体视为被动的客体，因此，教学不应过于偏向以教师为中心的课程教学，也不应过于偏向以学生为中心的教学。为了促进学生学习效率的提高和教师教学质量的提升，应当建立起新型的师生关系，实现师生间的有效沟通与合作。在进行教学资料、教学活动、教学模式以及信息化教学手段和信息化教学模式的过程中，必须确保双方主体身份的平等，同时，教师和学生作为互动主体，应当在教学活动中充分发挥自身的自主性和主动性。在信息化教学环境中，教师和学生之间的情感互动和信息共享是信息技术在教育活动中不可或缺的基础需求之一，同时也是实施素质教育所必需的。其次，实现信息化教学的必要前提在于教师和学生之间的互动和沟通，这种互动和沟通能够激发教师对信息化教学的理解和与学生共识的形成，从而促进他们教与学质量的提升。通过这样的方式，才能使二者达到有效的沟通和协作，从而更好地为信息化教学改革服务。第三，在信息化教学中，师生之间建立了一种情感交流关系，这种关系不仅展现了个体之间的信任，更体现了群体内部的互助精神。第四，在信息化教学过程中，由于不同层次学生的认知水平和心理特征存在差异，他们的学习兴趣和动机等都会产生变化。因此，在信息化教学中，教师和学生需要共同体验、相互认可和相互支持的情感倾向，以推动教学交流的有效性。

2. 致力于培养和促进学生的全面发展

教育的终极目标在于推动个体的成长，而信息化教学的目标则在于如何在整合信息资料的基础上，运用信息化教育手段来促进个体在教学中的发展。因此，我们需要把信息化教学看作一种新的教学模式，而不仅仅是一种技术手段。学生的学习成果不仅取决于其所掌握的知识和技能，更取决于信息化教学对其后续学习和发展的影响，以及学生在信息化教学中所获得的实质性发展，即提升其思维能力。信息化教学的目的在于让学生通过自主探索和合作交流来获取新知识并将它们应用于实际生活之中，以提升他们解决现实问题的能力。在信息化教学环境中，学生的目标和价值追求不仅仅是知识的积累，更重要的是通过不断发展思维能力，注重培养自己适应信息化社会生存所需的全面素质。信息化教学追求的本质就是通过信息技术促进人的智能结构的完善与提升。信息化教学的追求不在于表面上的信息获取和知识积累，而在于运用技术和经验进行知识的迁移和创新，以及培养高水平的思维方式，这才是信息化教学所追求的深层内涵。

传统的教学评价方式存在绝对性和静态性，因此常常以教学目标为判断标准，通过学生的直观表现和考试成绩来评估教学的成败，这是一种基于教学价值取向的指导。这种单一、封闭的教学评价方式使教师对教学活动缺乏必要的反思与批判意识，导致课堂教学效率低下。在进行信息化教学评价时，必须注重培养学生的人文素养和发展潜力，以确保评价的全面性和可持续性。信息化教学评价强调过程性、开放性与动态化。在进行信息化教学评价时，必须遵循"多元评价"和"评价为了发展"的双重原则，以确保评价结果的全面性和准确性。"多元评价"是指以不同层次、不同角度、多种标准对教与学的过程进行全面观察与分析。多元化的评价主体、评价方法和评价内容，构成了多元评价的基础。其中评价方法主要有对学生学习结果的测评、教师对课程的诊断与改进以及学校教育质量的自我评估三种类型。对于教学效果的评价，我们需要以发展的视角来审视，这就是所谓的发展性评价。教师要树立正确的评价观，以促进学生的全面健康发展。这两项准则巧妙地诠释了信息化教学评估的理念和思想，为其提供了深刻的解释。教师要以"促进"为主线构建信息化教学评价体系，并将其应用于课堂教学中，从而使信息技术与学科课程整合达到最优化效果。在实践中，针对不同的信息化教学形式，需要综合考虑过程和结果两个方面的评价，以选择最适宜的评价方式，从而提供多样化的教学评价手段。教师要充分意识到，只有通过有效地运用信息化教学方式才能促进教育质量提升。我们不能仅仅凭借学生的课堂表现和表面上的热情来判断教学情况，而应该更加注重信息化教学对学生后续发展所带来的影响和作用，以便更全面地评估教学效果。

信息化教学应当致力于促进教师和学生的共同成长，以实现教育的全面发展。只有在这种思想指导下才能构建出一种新型的教学方式——互动式教学模式。要实现互动式教学，必须确保教师作为主体的地位得到充分体现，否则将对学生主体地位的实现产生负面影响。信息化教学强调师生间的交流与合作，使信息资源得到共享，以便促进知识整合与创新。因此，信息化教学旨在促进教学主体之间的相互依存和共同进步，以及整个教学系统的动态性和自主性，将学生和教师的发展纳入一个统一的框架中，从而实现个体的全面成长。信息化教学评价是为了促进信息化教学活动的顺利进行而进行的价值判断活动。在评估信息化教学的有效性时，除了要考虑学生的发展情况外，还需要关注教师在教育教学实践中是否持续不断地获得进步和成长。通过信息技术与课程整合，可以促进师生信息素养和技术应用技能的提高，从而使教师成为"以学习者为中心"的学习共同体成员。当然，这样的进展是多方面的，其中包括教师对信息化教学的认知、态度和情感，以及教师在信息化教学方面的能力提升，例如设计信息化教学、运用信息化教学手段等，这些方面表现为教师可以轻松应对信息化教学中的各种问题，更好地为学生答疑解惑。

3. 致力于将知识和技术有机地结合以达到最佳协同效应

TPACK 框架是一种将 TK、PK、CK 以及有关学习和情境的知识融合在一起的教师信息化教学能力框架，它是教师在具体情境中亲身参与设计技术以解决问题的过程，随着个体设计经验的不断积累和系统化总结，教师的知识是不断增长的，因此具有个性化的特点。它既能反映教师对信息技术应用的态度，也体现了其作为专业人员所应具备的素养和技能。在新时代，教师的信息化教学能力不仅涵盖了教学的基础和操作技能，更强调了教学信息化能力的可持续发展，这种能力是多方面知识和技术的有机结合。

信息技术与学科教学的深度融合，需要我们不遗余力地打造一个信息化教学环境，这是不可或缺的基本内容。在此背景下，本书从信息化教学环境构建和应用两个方面对国内外相关研究进行了综述分析，并指出其不足及今后的发展方向。信息化教学环境是一种能够提供真实情境创设、启发思考、信息获取、资源共享、多元交互、自主探究、协作学习等多方面要求的教学环境，从而支持新型教与学的方式。我们更加强调实现一种全新的教学方式，即以"自主、合作、探究"为核心特征的全新教育方式。只有在这样一个全新的教与学模式下才能真正体现学生的主体地位。只有在新型的教学方式和正确的教育理念的指导下，以及相关教学资源的支持下，信息技术和学科教学才能实现深度融合的最终目标。

信息技术与学科教学的深度融合还表现在对传统课堂教学结构进行了彻底的变革，将教师主导的"以教师为中心"的传统教学模式转变为一种"主导—主体相结合"的教学模式，该模式不仅充分发挥了教师的主导作用，同时也突出了学生的主体性。这种新的教学模式是指在教学活动中，师生之间、学生之间以及教与学三者的关系发生根本性变化，使整个学习过程成为一种互动交流、共同发展的动态过程。课堂教学系统的四个要素地位和作用发生了改变，教师不再是课堂教学的主宰和知识的灌输者，而是成了课堂教学的组织者和指导者，学生学习意义建构的帮助者和促进者，以及学生良好情操的培育者；学生在接受知识灌输和外部刺激的过程中，逐渐转变为信息加工的主体、知识意义的主动建构者和情感体验与培育的主体，从而形成了一种全新的认知模式；教学方式由单一封闭的教学模式转变为师生互动的开放教学模式、探究式教学模式以及合作式教学模式等多种模式并存的多元教学模式。教学内容已从对教材的依赖转变为以教材为核心，并与丰富的信息化教学资源（如学科专题网站、资源库、案例等）相互协作；教学媒介已经从一种辅助教师突破重点难点的形象化教学工具转变为一种认知工具、协作交流工具和情感体验内化工具，这些工具不仅能够辅助教师进行教学，还能够促进学生自主学习。

三、高校教师信息化教学能力发展的演进趋势

在信息化社会中，教师发展的核心能力是综合运用信息资源进行教学活动和完成教学任务，以促进学生的全面发展。教师要充分意识到，只有通过有效地运用信息化教学方式才能促进教育质量进一步提升。本部分从教育技术学视角对高校教师信息化教学能力进行研究，以期丰富高校教育技术领域关于教师信息化教学能力相关内容的研究成果。通过对高校教师信息化教学能力发展的过程和阶段进行回顾，我们可以得出我国高校教师信息化教学能力发展的演进趋势，其中包括以下五个主要方面。

（一）遵循信息技术能力发展的阶段性特点与规律

高校教师信息化教学能力的发展趋势遵循信息技术能力发展的阶段性特点与规律。随着信息技术的不断发展和应用，高校教师在信息化教学方面的能力也需要不断提高和发展。

首先，高校教师信息化教学能力的发展需要从基础能力开始。在信息化教学中，教师需要具备基本的计算机操作技能和网络应用能力。他们应该熟悉常用的办公软件和教学平台，能够灵活运用这些工具进行教学设计和教学管理。此外，教师还应该具备信息检索和处理的能力，能够有效地获取和利用网络资源。其次，高校教师信息化教学能力的发展需要注重教学设计与创新。信息化教学不仅仅是将传统教学内容搬到电子平台上，更需要教师进行教学设计的创新和改进。教师应该学会利用信息技术工具，设计出符合学生学习特点和需求的教学方案。他们应该能够灵活运用多媒体教学手段，提供丰富的教学资源和互动环境，激发学生的学习兴趣和积极性。再次，高校教师信息化教学能力的发展需要强调教学评估与反思。信息化教学的优势在于可以提供丰富的教学数据和反馈信息。教师应该学会利用这些数据和信息，对自己的教学进行评估和反思。他们应该能够分析学生的学习情况和表现，及时调整教学策略和方法，提高教学效果。同时，教师还应该学会利用信息技术工具进行教学成果的展示和分享，促进教学经验的交流和共享。最后，

高校教师信息化教学能力的发展需要注重专业发展与合作共建。信息化教学是不断发展和变化的，教师应该保持学习的态度，不断更新自己的知识和技能。教师应该积极参加相关的培训和研讨活动，与同行进行交流和合作，共同推动信息化教学的发展。同时，高校应该提供良好的支持和资源，为教师的专业发展提供保障。

综上所述，高校教师信息化教学能力的发展趋势遵循信息技术能力发展的阶段性特点与规律。教师应该从基础能力开始，注重教学设计与创新，强调教学评估与反思，同时注重专业发展与合作共建。只有不断提高自己的信息化教学能力，才能更好地适应信息化时代的教学需求，为学生提供优质的教育服务。

（二）从关注技术转向关注设计，面向专业学科教学情境提升信息化素养

从高校教师信息化教学能力发展的过程性回顾这个视角，其具有如下三个方面特点。（1）关注应用期，这个阶段教师信息化教学能力的重点是萌发。这个阶段，教师开始关注并尝试应用信息化技术来支持教学活动。他们开始了解和掌握一些基本的信息化教学工具和资源，以提高教学效果和学生的学习体验。（2）学习模仿与迁移融合期，这个阶段教师的重点是获得信息化教学知识技能和应用实践。他们学习并模仿其他教师的信息化教学实践，尝试将这些实践应用到自己的教学中。同时，他们也开始思考如何将信息化教学与学科知识有机融合起来，以提高学生的学习成果。（3）智慧创造期，这个阶段的重点是生成信息化教学智慧。在这个阶段，教师已经具备了扎实的信息化教学基础，他们开始创造性地运用信息化技术来设计和实施教学活动。他们不再局限于简单地使用现有的工具和资源，而是开始探索和创新，以满足不断变化的教学需求。

高校教师信息化教学水平的提升一直受到技术因素的制约，同时也呈现出明显的技术需求。随着教育技术研究领域不断深化，教师在信息化教学中所表现出来的实践性特征越来越受到关注，但对其内涵的认识存在一定差异。为了实现信息技术与学科教学的有机融合，教师信息化教学水平的提升需要从教学设计的角度出发，对教学结构进行彻底的变革。教学设计作为一种新型的研究范式和理论，其主要特征是强调从学生出发进行学习分析，重视学习者在学习活动中的作用。教师的教学设计不仅是信息技术应用的前提和基

础，更是其核心所在；同时，教师对信息素养的提升也离不开教学设计的支撑。教师在学科教学情境中运用最新技术，以完成教学设计的过程，这是一项充满挑战和需要探索的任务。当前，我国高校教师普遍存在着缺乏对现代教育技术理论和方法的了解，以及没有掌握正确的设计思维模式等现状，导致他们无法通过信息化手段提升教学效果。因此，在高校教师的信息化教学方式培养中，逐渐采用设计学习的方式，将教师置于真实的设计任务情境中，从寻找自身教学实践中的问题入手，进行信息化教学的设计和开发，以使教师在解决教学问题的过程中不断运用技术，从而实现从"脱境"的知识内容呈现到"融入真实境脉"的学科问题创设的转变。

（三）从外部干预转向内涵建构，发展建构主义学习理论支持的信息化素养

从高校教师信息化教学能力的结构性回顾视角来看，高校教师信息化教学能力的提升主要涉及知识结构和能力结构两个方面的演变。在知识结构方面，高校教师的知识结构具有层次性，包括学科内容知识、教学法知识、技术知识和学科教学知识等。这些知识构成了教师信息化教学的基础，对于教师在信息化教学中的表现起着重要的作用。而在能力结构方面，高校教师的能力结构由信息化教学子能力构成，包括信息化教学资源整合和设计应用能力、信息化教学整合能力、信息化教学实施能力、信息化教学评价能力和信息化教学迁移（研究）能力等。这些能力的提升需要教师不断学习和实践，通过不断地应用信息化教学工具和方法，提高自身的信息化教学水平。

根据建构主义学习理论，教师信息化教学水平的提升需要同化和顺应两个过程。同化是指教师将新的信息化教学理念和方法融入自己的教学中，顺应则是指教师要适应信息化教学环境的变化，不断调整自己的教学策略和方法。在这个过程中，教师需要发现旧有的意义结构与新的意义结构之间的矛盾，产生冲突的原因，并通过反思理解，不断建构和完善自身的意义结构。教师的信息素养对课堂教学效果具有重要的作用。然而，目前我国对信息技术教师专业素质的培训还主要以传统教学模式为主，缺乏实践性研究。因此，需要转变教育技术培训的思路和模式，注重教师自身信息化教学的意义构建。这意味着要充分考虑教师的知识经验、认知结构和学科背景，并注重发挥教学情境和教师协同的作用。教师应该有机会参与信息化教学的实践，通过实

际操作和反思，不断提升自己的信息化教学能力。

总之，高校教师信息化教学能力的提升需要教师在知识结构和能力结构两个方面进行演变。教师应该注重自身的意义构建，通过同化和顺应的过程，不断提高自己的信息化教学水平。同时，教育机构也应该转变培训思路和模式，注重实践性研究和教师协同，为教师提供更好的信息化教学环境和支持。这样才能够促进高校教师信息化教学能力的全面提升，为学生提供更好的教育教学服务。

(四) 逐步建立高校教师信息化素养发展的有效保障机制

为了确保高校教师 TPACK 水平的持续提升，学校可以采取以下政策措施和支持服务。(1) 制定面向教师信息技术应用的管理办法和评价体系。这些管理办法和评价体系可以确保教师的信息化教学能力得到有效评估和提升。通过明确的标准和指导，教师可以更好地了解自己的发展方向，并有针对性地提升自己的 TPACK 水平。(2) 建立激励机制，以认可和奖励教师在信息化教学方面的成就。这样的激励机制可以激发教师的积极性和创新能力，使他们更加主动地探索信息技术并将其应用于教学实践中。通过认可和奖励，教师会感到自己的努力得到了重视，从而更加积极地参与信息化教学。此外，学校可以成立专门的教学服务机构，为教师提供支持和指导。这些机构可以为教师提供培训课程、教学资源和技术支持，帮助他们在信息化教学方面取得进步。通过与专业人士的交流和合作，教师可以不断提升自己的教学水平，并获得更多的教学灵感和创新思路。(3) 建立长效的教师培训机制。定期组织教师工作坊、技术交流和教学经验分享活动，为教师提供学习和成长的机会。这些培训活动可以帮助教师了解最新的信息技术应用趋势，学习先进的教学方法，并与其他教师分享实践经验。通过不断学习和反思，教师可以不断提高自己的 TPACK 水平。(4) 加大资源配置，改善信息化教学环境。学校可以投入更多的资金和资源，改善硬件设备和软件资源，建设智慧教室。这样的环境可以提供更好的信息化教学条件，激发学生对信息化教学的积极性，并促进教师更好地将信息技术应用于教学实践中。(5) 建立完善的评价机制。通过评价教师的信息化教学成果，可以调动教师的积极性和参与度。教师会感到自己的努力得到了认可，从而更加投入信息化教学中。同时，评价机制可以帮助教师了解自己的优势和不足，有针对性地提升自己的 TPACK

水平。

通过以上措施，学校可以为教师营造一个有利于 TPACK 水平不断提升的实践共同体环境。教师可以在这个环境中相互学习、分享经验，不断提高自己的信息化教学能力。这将促进高校教师信息化教学能力的持续发展，为学生提供更好的教育服务。

（五）注重跨学科合作和创新能力的培养

随着信息化教学的不断推进，传统的学科边界逐渐模糊，高校教师需要具备跨学科合作和创新的能力，以适应日益复杂的教学环境，从而不断创新和更新教学内容和方法。同时，高校内部组织结构不断变革和创新，使得学校对人才提出了新的要求，尤其是在人才培养方面，将更加强调学生综合素质的培养，力争使其成为创新型人才。因此，高等教育从业者必须具备跨学科协作和创新思维，以适应这个不断变化的教育环境。

本小节主要分析高校教师跨学科合作与创新的作用，并对如何培养具有跨学科合作能力的教师提出一些建议。教师之间的知识共享和资源整合，可以通过跨学科合作的方式得到促进。首先，跨学科合作有助于提升教师对信息技术的掌握程度和运用能力。在信息化教学中，不同学科领域的知识和技术相互交织、相互渗透，从而孕育出一种全新的教学范式和方法。这就要求高校要注重对跨学科人才的引进和教育管理创新，为他们提供良好的学习平台和发展机会，同时还要建立相应的保障机制，确保其发挥应有作用。

通过跨学科合作，教师得以共同探索教学领域的前沿问题，相互借鉴经验和教学资源，从而提升教学的品质和成效。因此，开展跨学科合作有利于提升教学质量和教学效果，实现教育目标。其次，跨学科的合作可以促进学生的综合素养和问题解决能力的培养。再次，跨学科合作有利于促进信息技术与课程整合。在信息化教学中，注重培养学生的创新思维和实践能力，要求学生具备跨学科的知识应用能力，以便能够有效地解决实际问题。另外，跨学科合作有利于提升教学质量，促进教学改革和课程建设。通过跨学科合作，教师得以策划和组织涵盖多个学科领域的项目和活动，以促进学生在实践中学习和应用知识，培养他们的综合素质和解决问题的能力。在信息技术课程教学中，应加强学科之间以及与其他学科知识的整合。在信息化教学中，创新能力是一项必不可少的技能，它能够激发学生的创造性思维和创新思维，从而进一步提高他们的学习效果。在信息技术与课程整合的背景下，如何使信息资源更好地为教学服务已经成为当前教育改革面临的重要课题之一。为了提高教学的吸引力和效果，教师需要不断探索和创新教学方法和资源，以适应不断变化的教育环境和学生的需求。在信息技术与学科整合的过程中，教师应充分重视创新教育理念的渗透，并将其融入日常教学活动之中。通过激发创新思维，教师得以构思和构建全新的教学工具和平台，为学生提供更加多元化和个性化的学习体验。

为了培养高校教师的跨学科协作和创新思维，必须建立相应的培养机制和平台，以促进教师的跨领域合作和知识共享。在大学中构建一个跨学科团队是一种有效的方法。学校可以策划跨学科的师资培训和研讨会，为教师提供专业知识和技能的学习机会，以促进教师之间的互动和协作。同时，学校也应该与其他高校开展联合办学，共同培养具有不同专业背景和专长的人才。此外，学校还可设立创新教育中枢或实验室，为教师提供创新教学的支持和资源，激励教师积极从事教学实践和研究。

第四章
高校教师信息化教学能力的胜任力评估

随着教育信息化进程不断深入和教师专业化的持续发展，运用现代信息技术提升教师教学能力已经成为教育领域的热点问题。教育部在2012年4月颁布的《教育信息化十年发展规划（2011—2020年）》中提到，要"推动信息技术与高等教育深度融合，创新人才培养模式""提升高校教师教育技术应用能力，推进信息技术在教学中的普遍应用"。教育部办公厅关于印发《2016年教育信息化工作要点》的通知中明确指出："落实教师信息技术应用能力标准，开展教师信息技术应用能力测评，把教师信息技术应用能力纳入到师范生培养和教师、校长的考核评价体系。"《国家中长期教育改革和发展规划纲要（2010—2020年）》中提出要把全面提高人才培养质量作为高等教育未来10年发展的重中之重。2018年，教育部颁布《教育信息化2.0行动计划》指出，经过多年的探索实践，信息技术对教育的革命性影响已经初步显现，但与新时代的要求仍存在较大差距；教师信息技术应用能力基本具备但信息化教学创新能力尚显不足，信息技术与学科教学深度融合不够。2019年2月中共中央、国务院印发《中国教育现代化2035》，提出要加快信息化时代教育变革。近年来，国家相继也出台了《高等师范学校学生的教师职业技能训练大纲（试行）》《国家高校教师教育技术能力指南（试用版）》等相关文件，把高校教师信息化教学能力培养作为其中一项重要工作部署，强调对教师教育技术应用能力的重视，构建高校教师信息化教学能力培养模式。

总体而言，从现有文献看，目前提升高校教师信息化教学能力已成为深化高等教育改革，提高高校教学质量最实际、最迫切的举措之一。教师是高等教育改革的中坚力量，教师的信息化教学能力是推动高效课堂信息技术与教育教学实践深度融合的关键所在。要科学、合理地评价当前高校教师的信息化教学能力，建立科学有效的评价指标体系，从高校教师信息化教学能力出发，调查高校教师信息化教学现状，对高校教师信息化教学能力进行量化，发掘高校教师信息化教学过程中存在的问题，为高校教师信息化教学能力的进一步提高提供较为丰富的理论参考和现实依据。

一、智慧教育时代高校教师信息化教学能力的发展现状

(一) 智慧教育时代高校教师信息化教学能力调查设计

在问卷调查设计流程方面，首先初选一些调查对象进行测试，统计意见并对问卷进行修改，克服填写者的中立选项；然后进行第一次试测，询问有关专家的意见，并对问卷进行修订和优化；接着进行第二次小范围测试，在第二次测试结束后，对问卷的信度和效度进行分析；采用专家咨询法来检验，针对调查问卷向相关专家和学者进行咨询，最后确定问卷如图 4-1 所示。

图 4-1 调查问卷设计流程

为了有效掌握高校教师信息化教学能力的发展现状，分别随机选取江苏省 7 所高校进行问卷调查，问卷调查内容分为教师个人基本信息和教师信息化教学状况两大部分。在信息化教学状况调查方面，主要根据 TPACK 视角下高校教师信息化教学能力结构的五大模块设计调查问卷，通过问卷星、对分易等平台发放网络问卷，共调查回收 712 份，剔除无效问卷后获得有效问卷共 657 份，有效率为 92.28%。具体分布情况见表 4-1。

表 4-1 样本分布特征情况表

变量名称	变量类型	人数	百分比（%）
性别	男	323	49.16
	女	334	50.84
学历	硕士及以下	41	6.24
	博士	485	73.82
	博士后	131	19.94

(续表)

变量名称	变量类型	人数	百分比（%）
职称	讲师及以下	225	34.25
	副教授	240	36.53
	教授	192	29.22
学科类型	理工科	313	47.64
	文史科	344	52.36

(二) 智慧教育时代高校教师信息化教学能力现状分析

1. 智慧教育时代高校教师信息化教学态度与责任情况

态度与责任是高校教师信息化教学能力的基础，体现了高校教师对信息化教学客观现实的心理反应，在各种心理活动中发挥调节、控制和指导等作用。对高校教师的信息化教学态度与责任进行调查，便于了解问题产生的内在原因。具体调查内容包括：是否愿意应用信息技术来改善自身的教学、是否能够适应信息化教学方法以提升教学效率和质量、是否能够自己设计开发混合课程并且对学生培养效果显著三个方面。

如图4-2所示，对参与问卷调查的高校教师信息化教学态度与责任情况进行调查后发现：90.4%的教师表示愿意应用信息技术来改善自身的教学；有61.3%的教师表示能够适应信息化教学方法以提升教学效率和质量；但只

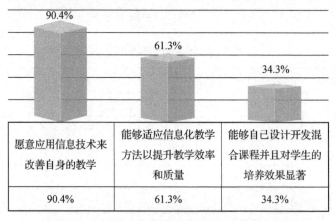

图4-2 高校教师信息化教学态度与责任情况图

有 34.3% 的教师表示能够自己设计开发混合课程并且对学生的培养效果显著。从调查数据上看，绝大多数高校教师信息化教学态度与责任意识较强，比较认可信息技术辅助教学的巨大作用，但在适应信息化教学发展趋势、探索教学实践方面的意识仍有待加强。

2. 智慧教育时代高校教师信息化教学设计与整合情况

教师信息技术与学科课程设计和整合能力是实现技术与课程融合的关键。信息化教学设计与整合能力包括信息检索能力、各类相关软件的应用能力以及硬件的操作能力等，包括高校教师在教学中使用 PPT、Word、Flash、Excel 等信息化教学方式的情况；综合运用办公软件、视频编辑软件、图片编辑软件等制作高质量教学案例情况；录制教学视频供学生使用，在课堂上通过信息化教学工具增加教学互动，实现混合式教学；通过网络教学平台打造精品在线开放课程、建设在线试题库情况等。

如图 4-3 所示，对参与问卷调查的高校教师信息化教学设计与整合情况进行调查后发现：高校教师在教学中使用 PPT、Word、Flash、Excel 等基础教学软件比较普遍，教师选择此项教学方式的频次最高；综合运用办公软件、视频编辑软件、图片编辑软件等制作高质量教学案例情况的选择频次次之；录制教学视频实现混合式教学、打造精品在线开放课程、建设在线试题库的选择频次均相对较少。这说明目前高校教师的信息化教学方式仍停留在基础信息化教学软件的使用上，对信息技术资源的充分运用仍有待进一步提升。

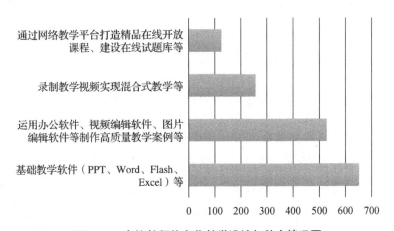

图 4-3　高校教师信息化教学设计与整合情况图

3. 智慧教育时代高校教师信息化教学实施情况

TPACK 理论强调技术、学科知识、教学法的有机整合、融合、综合运用，这与传统的将学科知识、教学方法和信息技术割裂开来的教学实践培养方式方法有根本性的不同。基于 TPACK 指导下的教学实践能力培养模式的主要特点是在教学实践中更加注重使用现代教育技术的手段和方法，改进传统的教学实践方式方法，将信息技术、学科知识和教学方法在不同层次、不同模块的教学内容中科学地组合运用。信息化教学实施是教师教学的关键环节，信息技术应用涵盖整个教学过程。

如图 4-4 所示，对参与问卷调查的教师信息化教学实施情况进行调查后发现：高校教师在教学中运用最多的方法为讲授法，运用频次最高；其次为案例分析法、小组合作学习法、项目研讨学习法；使用频次较少的方法有虚拟仿真实验法、VR 实景教学法。由此得出：高校教师课堂教学较多还是以传统教学方式为主，以学生为中心的信息化教学方法使用相对较少。

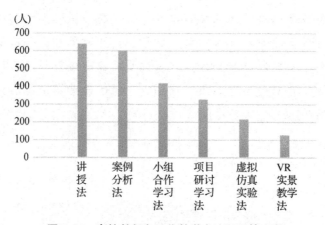

图 4-4 高校教师多元化教学方法运用情况图

4. 智慧教育时代高校教师信息化教学评价情况

教学评价解决"教得怎么样、学得怎么样"的问题，反馈教学效果，有助于教师调整教学方向和计划。在高校教师的信息化教学能力应用与评价层面，信息化教学能力要求教师能够运用信息化手段支持有效的评价，将信息技术应用到教学评价中。教师信息化教学评价包括：能利用信息技术手段和工具发布习题和进行测试,检测学生的学习效果;能利用信息技术分析学情;能利用信息技术手段和工具组织学生开展自评、他评、评教等各种评价活动。

图 4-5　高校教师信息化教学评价情况图

如图 4-5 所示,对参与问卷调查的教师信息化教学评价情况进行调查发现:高校教师在教学评价中,大多数教师选择利用信息技术手段和工具发布习题和进行测试,检测学生的学习效果;而选择利用信息技术分析学情,特别是利用信息技术手段和工具组织学生开展自评、他评、评教等各种评价活动的教师相对较少。这说明高校教师应用信息化手段时更多只是一些资源辅助知识的传递,没有将信息化手段应用到教学过程的深度评价和反馈中,信息化教学评价能力亟待增强。

5. 智慧教育时代高校教师信息化教学融合与创新情况

高校教师信息化教学能力的融合与创新是对高校教师教学能力的更高要求,比如在教学中能够创造性地使用微信、腾讯会议、雨课堂、MOOC(慕课)等信息化资源,并积极通过教学信息化实践开展教学研究等。

如图 4-6 所示,对参与问卷调查的教师的信息化教学融合与创新情况进行调查后发现:高校教师的信息化教学能力融合与创新方面情况不太理想,大多数教师只是将教学信息技术及其平台简单地应用到课堂中辅助教学,但是没有涉及更深层次的重构、混合式教学模式探索、翻转课堂模式应用,未充分达到变革教学模式的效果。同时高校教师信息化教学的创新研究能力也亟待加强。

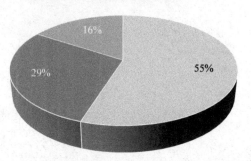

图 4-6　高校教师信息化教学融合与创新情况图

(三) 智慧教育时代高校教师信息化教学能力的发展困境

1. 高校教师缺乏对信息化教学能力结构的充分认知

教师对信息化教学的意愿与态度影响教师的信息化教学能力水平。在信息化发展迅猛的今天，高校教师或多或少认识到自身专业发展离不开教学信息化，尤其是与传统教学形式相比，信息化教学最大的优势是能提供传统黑板、粉笔等教具所无法展示的形象教学，激发学生兴趣，调动课堂氛围。因而，高校教师大多数对于信息化的教学方式和手段有着较为客观的态度和积极的认识。但在能够随着时代和技术进步，不断更新教学理念，增强信息化教学能力的结构认识方面，尤其是将新理念和新技术应用到信息化教学实践中仍有一定的差距。

2. 高校教师缺乏信息化教学的整体设计能力

在信息化、数字化背景下，高校的信息化建设要求教师能够运用现代化信息技术、数字资源等手段进行数字化教学设计。但大部分教师参与深度不够，在信息技术应用中还停留在浅层次基础应用上，没能深入研究和挖掘信息技术在教学中的巨大潜力，对信息技术教学的源动力不足。在设计中结合学生认知能力和认知规律，合理科学地设计各项教学环节，从而解决教学中难点的能力和意愿不足。目前高校教师尚缺乏相应的理论知识和实施经验，整体信息化教学设计能力不足。

3. 高校教师缺乏信息化教学的资源整合能力

获得教学信息资源并合理整合运用是衡量教学信息化能力的重要标准。从整体上看，教师具备信息化教学的相关信息技术能力，也具备教学方法知识，但将二者融合并充分体现在教学实践中有一定的难度。很多教师表示，影响信息化教学实施的阻碍因素中很重要的一个原因是信息技术与课程整合难度大。信息技术与课程的整合度是技术融入教学的关键，也是提高教学质量、调动学生积极性的重要前提。但由于当前资源平台建设不足，而且部分教师在资源搜索方面手段匮乏，因此不能有效选取信息化教学资源，后期整合运用上更是困难重重。

4. 高校教师缺乏信息化教学的实际应用能力

在开展信息化教学实践过程中，要求教师能够以学习者为中心，结合教学内容和学习者特征，设计任务，开展活动，利用信息技术创设教学情境，提高教学效果。而信息化教学不仅考察教师对信息技术的使用能力，更是需要教师具备扎实灵活的教学构思及整合资源的能力，并在过程中适时结合教学情况调整和优化整个教学过程。目前大部分教师已经具有较强的课堂组织能力，但不能完全掌握信息化教学相关技术，难以将教学资源信息化，信息化教学的应用无法完全实现。

5. 高校教师缺乏信息化教学的全过程评价能力

教学评价是对学生学习过程、学习方式和学习效果等的评价，主要可以分为过程性评价和综合性评价。在信息化环境下，基本要求是高校教师能够运用技术手段收集数据等，并对学生进行评价；进阶要求是高校教师能够结合学生的学习特点和学习内容完成过程性评价和综合性评价，为教学提供反馈；目标要求高校教师能够将技术与课堂教学整合，为学生建立电子档案，全面记录学习者的学习情况，为学生提供全面的评价。但目前高校教师还未能将信息化手段应用到教学评价的全过程反馈中，信息化教学评价能力亟待增强。

6. 高校教师缺乏信息化教学的融合创新能力

在高校教师信息化教学能力的融合与创新层面，主要包括信息化教学融合和教学创新两部分的能力。信息化教学融合创新能力不仅仅指的是将信息技术运用到教学中，更强调用信息技术改变教学模式，更加重视学生的能力发展，通过教学研究创新教学生态，优化教学质量和效果。从总体来看，只有较少的教师能够尝试在课堂中探索应用新的教学模式，整个教师团体的信息化教学融合能力相对较差；同时虽然部分教师有创新意识，但总体来说高校教师的信息化教学创新能力仍显不足。

二、智慧教育时代高校教师信息化教学能力的影响因素

智慧教育是我国教育信息化发展的重要目标和实现路径。2018年教育部发布《教育信息化2.0行动计划》，开启了智慧教育实践的新阶段。2019年国务院印发《中国教育现代化2035》，提出加快信息化时代教育变革，运用大数据、人工智能、移动互联网和云计算技术等全面重塑高等教育人才培养模式。《教育部2022年工作要点》明确提出实施教育数字化战略行动，加快推进高等教育数字转型和智能升级。高等教育是中国教育的战略制高点，高等教育承担着培养高级专门人才、发展科学技术文化、促进社会主义现代化建设的重大任务。提升高等教育质量、推进高等教育适应智慧时代发展需求，是高等教育发展的核心任务和基本要求。高校教师作为智慧教育的实施主体，其信息化教学能力直接影响着智慧教育的实现效果；高校学生作为智慧教育的受众客体，其满意度和获得感是智慧教育人本主义理念的重点关注方面。充分考量智慧教育实施主体与受众客体的学习效果，提出完善教师信息化教学能力的优化路径，对推动高等教育培养模式的改良与创新，促进高校教师教学能力提升，均具有重要的理论意义和实践价值。

关于高校教师信息化教学能力研究，学者们开展了大量有益的探索，主要围绕构建教师信息化教学能力评价指标体系展开，如陈巧云运用单因素方差分析研究了教师对高校信息化建设的满意度[①]；葛文双和韩锡斌通过对NBPTS、IBSTPI等四种教师教学能力标准的比较分析，提出数字时代教师教学能力的三个核心维度，即教学意识、课程教学方法和教学学术研究[②]；张英杰利用AHP多层模糊综合评价模型对浙江省高校青年教师的信息化教学能力进行评价，并从信息化教学意识和理念、基础能力、资源管理和处理能力以

---

① 陈巧云. 基于教师满意度的高校信息化绩效评价研究[J]. 教育学术月刊，2016(8): 31-35.
② 葛文双，韩锡斌. 数字时代教师教学能力的标准框架[J]. 现代远程教育研究，2017(1): 59-67.

及评价与创新能力四个层面建立高校青年教师信息教学能力评价指标体系[1]；隋幸华等基于 TAM 模型，通过结构方程模型对影响高校教师信息化能力的因素进行分析[2]；王彦富等将 TPACK 框架与信息技术教学进行结合，在此基础上从课前、课中和课后阶段对教师信息化指标进行细化构建[3]。同时，部分学者提出了优化高校教师信息化教学能力的路径。李天龙和马力基于西安地区的高校青年教师信息化教学能力的发展现状，提出通过完善"制度＋环境＋意识"，强化其内生动力的建议[4]；韩锡斌和葛文双从意识、素养、能力和研究四个维度构建提升教师信息化教学能力的路径[5]；宋权华和于勇以西部地区部分高校为例，进一步提出"理念变革→制度和环境建设→知识结构优化→培养模式创新"的培训方式[6]；谢耀辉等提出 TPACK 能力提升有助于改善线上教学效果[7]。总体而言，已有研究为高校教师信息化教学能力评估提供了丰富的研究基础，但目前研究方法多集中于个案分析和量化推演，缺乏智慧教育背景下对教师信息化教学能力的评估，因而基于 TPACK 理论，通过收集在校学生对教师信息化教学能力的评价，综合反映高校智慧教育的实施效果，以期为提升高校教师信息化教学能力提供实证样本和理论依据。

（一）智慧教育时代高校教师信息化教学能力模型构建

1. 研究假设

TPACK 是 Technological Pedagogical Content Knowledge 的缩写，2005

---

[1] 张英杰. 高校青年教师信息化教学能力评价及提升策略 [J]. 金华职业技术学院学报，2019，19（3）：1-8.
[2] 隋幸华，赵国栋，王晶心，等. 高校教师信息化教学能力影响因素实证研究——以湖南省部分高校为例 [J]. 中国电化教育，2020（5）：128-134.
[3] 王彦富，王妙妙，李飞. TPACK 框架下融合信息技术的教学模式研究 [J]. 教育探索，2022（3）：52-55.
[4] 李天龙，马力. 高校青年教师信息化教学能力发展现状与对策研究——以西安地区高校为例 [J]. 现代教育技术，2013，23（6）：34-37.
[5] 韩锡斌，葛文双. 中国高校教师信息化教学能力调查研究 [J]. 中国高教研究，2018（7）：53-59.
[6] 宋权华. 高校教师信息技术素养：现状、困境与路径——以我国西部地区部分高校为例 [J]. 现代教育技术，2020，30（10）：78-84.
[7] 谢耀辉，万坚，夏欣. 高校教师 TPACK 对线上教学效果影响状况调查研究 [J]. 华中师范大学学报（自然科学版），2022，56（2）：304-310.

年由美国学者科勒（Koehler）和米什拉（Mishra）提出，指整合技术的学科教学知识。TPACK 理论由学科内容知识（CK）、教学法知识（PK）和技术知识（TK）三个核心要素构成，三个基础知识两两结合又形成 TPK、TCK 和 PCK 三种知识，以及三者结合的 TPACK 知识。基于 TPACK 理论，高校教师的 TK、PK 和 CK 三种基本能力存在相互作用关系，当教师对三者进行有机结合时便能提升自身的 TPACK 能力，并使教学效果得到优化[①]。TPACK 理论被认为是教师进行有效教学的基础[②]，为高校教师信息化教学能力分析提供了基本理论框架。

智慧教育认为学习者是智慧教育的出发点和最终归宿，注重学生学习满意度和学习获得感[③]。高校学生作为智慧教育的受众客体，其在智慧教育时代的学习满意度和学习收获度备受关注。对高校教师信息化教学能力的评估以学生学习满意度和学习收获度作为评价指标，能够充分体现智慧教育时代"以学习者为中心"的人本主义理念。简而言之，智慧教育的根本要义，是通过授课主体和受众客体的协同作用优化教学过程，以促进学习者美好发展的未来教育范式[④]。

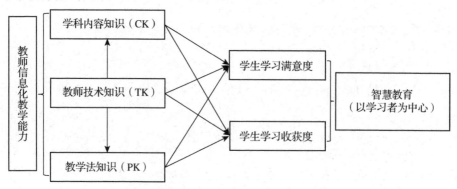

图 4-7　智慧教育时代高校教师信息化教学能力解构图

---

① 赵磊磊，赵可云，侯丽雪，等. 技术接受模型视角下教师 TPACK 能力发展研究 [J]. 教育理论与实践，2015，35（11）：25-27.
② 顾小清，杜华，彭红超，等. 智慧教育的理论框架、实践路径、发展脉络及未来图景 [J]. 华东师范大学学报（教育科学版），2021，39（8）：20-32.
③ 祝智庭，魏非. 面向智慧教育的教师发展创新路径 [J]. 中国教育学刊，2017（9）：21-28.
④ 李雨潜. "互联网+"背景下师范大学教师信息化教学能力现状调查 [J]. 中国大学教学，2016（7）：87-91.

智慧教育时代对高校教师的信息化教学能力提出了新的要求，基于TPACK理论对智慧教育时代高校教师信息化教学能力的评估，应该考察三个核心要素及其相关影响，具体包括：技术知识（TK）、学科内容知识（CK）和教学法知识（PK）及其彼此之间可能产生的相互影响。一方面，教师技术知识（TK）、学科内容知识（CK）和教学法知识（PK）是教师信息化教学能力的综合体现，也是影响学生学习满意度和学习获得感的关键因素。另一方面，教师技术知识（TK）是促进教师学科内容知识（CK）、教学法知识（PK）提升的有效途径。信息技术的运用能够丰富教师的授课形式，从而优化教师的教学知识结构，帮助其根据学生特点及时调整授课方式。此外，信息技术的运用也能够帮助教师从更多渠道获取并传授学科知识，使学科知识的讲解更具有简便性、实时性和科学性等特点。

基于此，本小节提出如下假设：

假设1：教师技术知识（TK）、学科内容知识（CK）和教学法知识（PK）能提升学生学习满意度和学习获得感；

假设2：教师技术知识（TK）能提升教师学科内容知识（CK）和教学法知识（PK），从而实现学生学习满意度和学习获得感的提高。

2. 数据来源与变量设置

本小节数据来源于江苏省12所高校的问卷调查，通过问卷星、对分易等平台发放网络问卷，回收问卷1 206份，经过整理最终获得1 059份有效问卷。

（1）被解释变量：智慧教育实施效果。由于教师的授课对象为学生，因此学生的切实感受能够有效衡量教师智慧教育的实际效果。学生课程满意度是其对教师授课效果的评价，常被选用于授课效果评估，本小节也选择该指标作为被解释变量。此外，智慧教育的根本目的是教授学生知识以提高其能力，学生能否从智慧教育中掌握知识也能体现智慧教育的实施效果。因此，可将课程满意度和课程收获度作为被解释变量，以切合智慧教育时代"以学习者为中心"的人本主义理念。

（2）解释变量：教师信息化教学能力。核心解释变量包括技术知识（TK）、学科内容知识（CK）和教学法知识（PK），其中：技术知识为教师的信息技术运用能力，是一种具象化表现；教学知识和学科知识分别通过教学的多样化以及学科专业知识的储备进行衡量。上述变量均通过借鉴谢耀辉等的方法以李克特量表的形式进行打分获得，即非常不认可赋值1、非常认可赋值5。

表 4-2 描述性统计

变量类型	变量名		定义	均值	标准差
被解释变量	智慧教育实施效果	课程满意度	非常不满意=1；不满意=2；一般=3；满意=4；非常满意=5	4.602 7	0.736 7
		课程收获度	非常少=1；比较少=2；一般=3；比较多=4；非常多=5	4.599 3	0.723 0
解释变量	教师信息化教学能力	技术知识（TK）	非常不认可=1；不认可=2；一般=3；认可=4；非常认可=5	4.729 5	0.613 8
		教学法知识（PK）	非常不认可=1；不认可=2；一般=3；认可=4；非常认可=5	4.595 6	0.743 5
		学科内容知识（CK）	非常不认可=1；不认可=2；一般=3；认可=4；非常认可=5	4.397 3	0.911 8
控制变量	教师性别		男=1；女=0	0.455 5	0.498 9
	教师年龄段		青年=1；中年=2；老年=3	1.784 2	0.596 1
	教师授课态度		非常消极=1；消极=2；一般=3；积极=4；非常积极=5	4.811 6	0.545 6
	课程内容		理论基础=0；实践技能或方法=1	0.157 5	0.364 9
	课程类型		基础必修课=1；专业选修课=2；通识选修课=3	1.486 3	0.606 2

（3）控制变量：教师信息化教学能力的控制变量。一般文献中较多地采用授课教师性别、授课教师年龄段、教师授课态度、课程内容、课程类型等要素作为控制变量，本小节基于文献综述成果的综合考量，亦采纳如上变量作为控制变量。具体各项变量设置情况如表 4-2 所示。

如表 4-2 所示，根据统计性描述情况，课程满意度与课程收获度的均值分别为 4.602 7 和 4.599 3，数值均超过 4.5，表明高校学生较为认可智慧教育的实施效果。关于高校教师信息化教学能力，技术知识（TK）能力最高，教学法知识（PK）能力次之，学科内容知识（CK）能力最低，数值均超过4，表明目前调研高校教师信息化教学能力基本得到学生认可。另一方面，学科内容知识（CK）能力数值相对较低，主要是学科内容知识（CK）能力的信息化表达方式要求更高，也体现出学科知识与信息技术手段的融合还有待深入。

其他控制变量中，女性教师的数量略高于男性、中青年教师的数量也略高于老年教师，这与目前调研样本中女性教师、青年教师相对略多的现实情况相符。在教师授课态度方面，4.811 6 的均值说明绝大多数教师的信息化教学态度比较积极。此外，课程内容和类型以基础必修课为主，这与调研高校整体课程的开课比例相符。总体而言数据能够保证实证分析的准确性和客观性。

3. 模型构建

智慧教育时代高校教师信息化教学能力评估，其中被解释变量为智慧教育实施效果，选择课程满意度与课程收获度两个指标进行衡量，选项均参照量表形式设置，因此选取基本的 OLS 模型进行分析，构建模型如下：

$$\text{Quality}_{ik} = \beta_0 + \beta_{1mk} \text{Ability}_{im} + \beta_2 z_{in} + \varepsilon \quad (4-1)$$

式中，Quality_{ik} 代表第 i 个样本对智慧教育实施效果的评分，k 用于区分课程满意度和课程收获度变量。Ability_{im} 表示第 i 个样本对授课教师能力评价，m 用于区分教师不同能力（TK、PK、CK）。β_1 表示常数项；β_{1mk} 表示教师信息化教学能力对学生课程满意度和课程收获度的影响系数；z_{in} 表示控制变量，ε 表示随机扰动项。在此基础上，为探究技术知识（TK）能力如何通过影响教师教学法知识（PK）能力和学科内容知识（CK）能力，进而影响智慧教育实施效果。采用 TK 与 CK、TK 与 PK 的交乘项（即 TPK 和 TCK），验证教师技术知识（TK）能力对教师教学法知识（PK）能力和学科内容知识（CK）能力的调节效应。

（二）智慧教育时代高校教师信息化教学能力的影响因素分析

1. 教师信息化教学能力对学生课程满意度和课程收获度的影响分析

教师信息化教学能力对智慧教育实施效果的影响见表 4-3。从表 4-3 中可知（1）（2）列的被解释变量为课程满意度，（3）（4）列的被解释变量为课程收获度。（1）列仅加入教师的能力变量，（2）列在（1）列基础上进一步加入控制变量,(3)(4)列情况与(1)(2)列一致。结果表明:教师信息化教学能力对课程满意度和课程收获度均具有正向显著影响,即教师信息化教学能力提升有助于学生智慧教学课程满意度和课程收获度的提升,研究假设1得到验证。

表4-3 教师信息化教学能力对学生课程满意度和课程收获度的影响

变量	课程满意度		课程收获度	
	(1)	(2)	(3)	(4)
TK	0.425 8***	0.345 6***	0.359 4***	0.216 6**
	(0.081 8)	(0.091 0)	(0.114 0)	(0.104 7)
PK	0.400 8***	0.364 5***	0.336 6***	0.277 4***
	(0.066 7)	(0.064 8)	(0.077 3)	(0.074 1)
CK	0.167 4***	0.133 6***	0.170 7***	0.099 0**
	(0.050 8)	(0.044 4)	(0.061 4)	(0.050 0)
教师性别		−0.049 3		−0.072 1
		(0.047 7)		(0.051 9)
教师年龄段		−0.026 9		−0.070 6*
		(0.044 3)		(0.041 9)
教师授课态度		0.250 1***		0.472 7***
		(0.095 6)		(0.099 5)
课程内容		−0.063 6		0.105 3
		(0.070 1)		(0.078 1)
基础必修课（参照组）		—		—
专业选修课		0.086 2*		0.057 9
		(0.049 0)		(0.058 4)
通识选修课		0.163 4***		−0.048 7
		(0.048 3)		(0.090 4)
常数项	0.014 8	−0.455 0	0.605 5	−0.283 4
	(0.304 1)	(0.329 8)	(0.466 5)	(0.370 6)
样本量	105 9	105 9	105 9	105 9
R^2	0.689 6	0.718 6	0.549 8	0.637 4

注:①***、**、*分别表示在1%、5%、10%的水平上显著;②括号内为稳健标准误。

通过对教师技术知识（TK）能力、教学法知识（PK）能力和学科内容知识（CK）能力对学生课程满意度和课程收获度的影响分析可以发现：教学法知识（PK）能力对课程满意度和课程收获度的改善效果最佳，教师技术知识（TK）能力的改善效果次之，学科内容知识（CK）能力的改善效果较低。一方面，说明智慧教育实施中学生对教师教学法知识和信息化技术运用的感知较为明显，教师整合数字技术开展互动式教学，在智慧教育中发挥了重要的基础支撑作用。另一方面，信息技术运用与学科教学融合仍不够紧密，学生对学科内容知识（CK）能力的改善效果感知较低，信息技术应用与学科教学的深度融合仍需推进。

在控制变量中，教师的年龄会负向显著影响课程收获度，但不会影响课程满意度，说明年轻教师的信息化教学能力在技术知识的更新迭代中更具优势，需要加强不同年龄段教师信息化教学能力的培养和训练，以适应智慧教育背景下学生课堂知识的学习需求。同时，教师的授课态度会影响学生的课程满意度和课程收获度；教师面对智慧教育发展形势的授课态度尤为重要，信息化教学意识与态度是信息化教学能力的第一个构成要素，决定教师是否能积极运用信息技术进行日常教学活动。此外，学生对专业选修课和通识选修课的满意度相对较高，主要是相较于专业选修课与通识选修课，必修课涉及的知识更为基础，如何运用信息技术提高基础必修课的教学效果更具挑战性，这仍与信息技术如何更好地与专业学科知识深度融合密不可分。

2. 技术知识能力对学科知识能力和教学法知识能力的调节效应分析

技术知识能力对学科知识能力和教学法知识能力的调节效应见表4-4。由表4-4可知：（5）（6）列将技术知识能力、教学法知识能力及其交乘项同时放入模型中；（7）（8）列将技术知识能力、学科知识能力及其交乘项同时放入模型中。由（5）—（8）列的结果表明，教师信息化教学能力（TK、PK、CK）能够显著改善智慧教育的实施效果，与前文分析一致，假设1再次得到验证。

技术知识能力对教学法知识能力的调节效应分析：（5）（6）列中，教师教学法知识能力显著正向影响课程满意度和课程收获度，同时技术知识能力与教学法知识能力的交乘项（TPK）也显著为正，说明信息技术运用能够对教学知识能力起到正向调节作用，即当教师技术知识能力提升，其教学法知识能力的提升对智慧教育实施效果有明显改善作用。

技术知识能力对学科知识能力的调节效应分析：（7）（8）列的结果与技术知识能力对教学法知识能力的调节效应相似，教师技术知识能力越高，其学科知识能力的提升对智慧教育实施效果的改善越明显。教师的技术知识能力能够帮助其学科知识能力发挥效用，以实现智慧教育效果的提升，假设2通过检验。

表4-4 技术知识能力对学科知识能力和教学法知识能力的调节效应分析

变量	课程满意度 (5)	课程收获度 (6)	课程满意度 (7)	课程收获度 (8)
TK	0.379 1** (0.275 9)	0.145 5* (0.197 6)	0.639 4*** (0.214 9)	0.135 8** (0.212 9)
PK	0.402 7*** (0.299 5)	0.140 5*** (0.289 0)		
TPK	0.003 3** (0.065 3)	0.106 7* (0.059 5)		
CK			0.417 3** (0.254 0)	0.509 3* (0.289 3)
TCK			0.042 7* (0.053 4)	0.146 1*** (0.059 8)
教师性别	−0.080 1* (0.047 7)	−0.119 0** (0.053 7)	−0.046 5 (0.055 6)	−0.093 3* (0.054 7)
教师年龄段	−0.038 9 (0.046 2)	−0.084 7* (0.044 8)	−0.055 9 (0.046 6)	−0.097 9** (0.043 0)
教师授课态度	−0.034 7 (0.068 3)	0.102 1 (0.076 7)	−0.066 3 (0.078 4)	0.059 3 (0.078 1)
课程内容	0.290 8*** (0.101 2)	0.478 6*** (0.094 6)	0.328 7*** (0.096 7)	0.515 9*** (0.096 6)
基础必修课 （参照组）	—	—	—	—
专业选修课	0.074 9 (0.050 6)	0.054 3 (0.057 7)	0.036 8 (0.056 5)	0.033 6 (0.061 2)
通识选修课	0.178 2*** (0.051 4)	−0.027 6 (0.081 6)	0.223 8*** (0.053 9)	0.042 1 (0.066 7)

(续表)

变量	课程满意度	课程收获度	课程满意度	课程收获度
	(5)	(6)	(7)	(8)
常数项	−0.436 3 (1.204 6)	1.454 7 (0.929 9)	−0.831 1 (0.936 4)	2.108 4** (1.032 3)
样本量	105 9	105 9	105 9	105 9
R^2	0.703 7	0.637 7	0.652 9	0.615 1

注：①***、**、* 分别表示在1%、5%、10%的水平上显著；②括号内为稳健标准误。

3. 稳健性检验

文章的被解释变量均是通过量表的赋值获得并且存在五个数值选项。除上述使用的OLS模型外，也可使用ologit模型进行检验。因此，本小节使用替换模型的方法对基准回归结果进行稳健性检验，结果如表4-5所示。从结果看，教师信息化教学能力（TK、PK和CK）对智慧教育实施效果有显著改善作用，并且改善效果依次为TK最大、PK次之、CK最小，与基准回归结果一致。

表4-5 稳健性检验（ologit）

变量	课程满意度		课程收获度	
	(1)	(2)	(3)	(4)
TK	1.764 6*** (0.311 3)	1.759 7*** (0.298 3)	1.195 3*** (0.281 2)	1.088 6*** (0.305 7)
PK	1.587 7*** (0.337 4)	1.355 4*** (0.431 3)	1.260 6*** (0.458 2)	0.744 4* (0.433 5)
CK	0.748 4*** (0.217 5)	0.795 2*** (0.257 1)	0.601 9*** (0.222 9)	0.466 3** (0.225 5)
教师性别		−0.432 7 (0.385 2)		−0.373 8 (0.338 6)
教师年龄段		0.029 7 (0.321 0)		−0.379 7 (0.241 7)

(续表)

变量	课程满意度		课程收获度	
	(1)	(2)	(3)	(4)
教师授课态度		1.161 3*** (0.442 6)		1.862 1*** (0.529 0)
课程内容		−0.845 8 (0.519 5)		0.873 1 (0.710 0)
基础必修课（参照组）		—		—
专业选修课		0.672 9* (0.406 7)		0.075 4 (0.368 4)
通识选修课		14.502 9*** (0.515 0)		−0.667 1 (0.647 0)
样本量	1 059	1 059	1 059	1 059
伪 R^2	0.447 7	0.490 9	0.324 1	0.388 8

注：①***、**、*分别表示在1%、5%、10%的水平上显著；②括号内为稳健标准误。

(三) 智慧教育时代高校教师信息化教学能力的变革趋向

信息化教学是高校适应智慧教育时代发展而做出的教学优化改革与教学方式调整，其中高校教师是方案落实的关键。高校教师信息化教学能力在智慧教育的实施中发挥着重要作用。高校学生作为智慧教育的受众客体，其满意度和获得感能够客观反映智慧教育的实施效果。因此，本小节以江苏省12所高校1 059份有效调研问卷为基础，对高校教师信息化教学能力及智慧教育实施效果开展实证分析。结果表明：(1) 高校教师信息化教学能力会显著影响智慧教育的实施效果，教师信息化教学能力越高，学生的课程满意度和课程收获度越高；(2) 教师技术知识能力可以通过影响教师的教学法知识能力和学科知识能力，实现对智慧教育实施效果的改善；(3) 教师的信息化教学理念、不同年龄段教师的信息化教学素养、信息化技术与学科专业知识深度融合，都是智慧教育实现的重点关注内容。基于此，本小节提出如下建议。

1. 把握智慧教育契机，强化高校教师智慧教育教学理念

智慧教育时代，信息化教学理念是信息化教学能力的首要构成要素。智慧教育是数字信息技术与教学内容、教学方法的深度融合，具有数字化、网络化、信息化的特征，是对传统教学模式的突破性变革。智慧教育契机下的信息化教学理念，其核心是运用信息技术对教育理念进行驱动创新，重新塑造教师、学生与学习之间的关系。高校教师要适应智慧教育发展形势，积极树立"以学习者为中心"的信息化教学理念，将信息技术与学生自主学习探索有效融合。一方面，推进教学过程中的师生关系重构。教师作为学生学习和成长的领航人，应引导学生进行自主学习和探索性学习，帮助学生掌握基础知识、探究实践运用并创造知识价值。另一方面，促进课堂生态重建。重视在课堂上对学生进行人文熏陶和价值塑造，发挥教师劝善者和引导者的角色，促进学生人文素养和人文精神的提升，培养德才兼备的社会主义事业接班人，实现教育工具理性和价值理性的有机整合。

2. 构建智慧教育评价指标，完善教师智慧教育教学素养

整合高校智慧教育资源，完善教师信息化教学能力评价，全方位审视课堂和教学过程，为多方参与教学评价、实现发展性评估提供支持。一方面，充分考量教师信息化教学责任的胜任力。教师是否能够适应并充分融合运用信息技术与学科教学知识，是教师教学胜任力的充分体现，也是智慧教育效果实现的关键环节。在教师教学过程中，通过构建智慧教育评价指标体系，激励并推进教师融合运用信息技术与学科教学知识，在为学生传授知识、塑造人格、引领创新中发挥积极作用，使教师具备将信息技术与学科教学深度融合的胜任力。另一方面，构建智慧教育评价指标要充分考量学生学习收获的线性化。如何满足学生学习成长的多元需求，是教师运用信息技术与学科教学深度融合的实践目标之一。教师的信息化教学素养要转化为学生学习的显性成果，利用信息化教学技术和手段激发学生的学习兴趣，促进学生的知识理解和掌握，使学生从被动学习向主动学习转化。因而在构建智慧教育评价指标体系中，要充分体现学生学习成果的转化情况，并以此推动教师智慧教育教学素养的完善。

3. 推进智慧教育与高校教师学科专业深度融合

推进智慧教育与学科专业全面深度融合，以信息化促进高校教育理念

和教育模式的改革创新，发挥信息化在高等教育改革和发展中的助力作用。信息技术的融入使得学科和专业建设进入新的发展空间和发展阶段，并逐步延展到整个教育教学体系的变革与发展中，以实现促进高等教育教学体系整体性结构变革的目的。一方面，注重信息技术融入学科专业知识的适用性。信息技术与学科专业融合时，要考察信息技术与教学学科知识的匹配度，思考信息技术嵌入专业学科知识的切入点，选择最优化的匹配方案，既促进专业学科教育实现效能，又凸显信息技术的工具价值。另一方面，注重信息技术融入学科专业知识的纵深度。专业学科知识的结构和特点各不相同，信息技术融合时要找准核心定位，着重关注学生的知识学习和价值塑造，通过新技术、新手段的运用提升学生的知识获取度，这样既符合不同学科专业知识的教育教学目标，也充分体现了信息技术的运用价值，最终还是回归到高等教育教学的本质上，贯彻落实到学生核心素养的培养与塑造中。

三、智慧教育时代高校教师信息化教学胜任力评估

信息化时代赋予高等教育改革新的使命，双线混融教学作为促进线上教学和线下教学相互融合的新型教学方式，是高等教育回应信息化时代教育模式改革与创新的积极探索。教师信息化素养是实现双线混融教学的核心要素之一，国内外教育界均对双线混融教学发展中的教师能力和素养提出了明确要求。如美国颁布实施了《面向教师的美国国家教育技术标准》，提出包括教师能力标准、专业素养标准、知识技能标准等方面的要求；英国 2010 年颁布《21 世纪教师手册》，明确信息化教学过程中教师应当具备专业素养及知识技能等；俄罗斯联邦政府提出了培养教育的网络技术应用能力计划；澳大利亚教育网工程、英国-ICT 教师教育培训技术、英特尔面向未来的教学计划等项目均提出了适应混合教学模式的教师信息化素养提升目标。2013 年我国清华大学、北京大学、复旦大学等高校率先推行 MOOC（慕课）平台建设，教育部也开始在"国培计划"中采取网络培训与集中培训相结合的方式；2018 年教育部《关于实施卓越教师培养计划 2.0 的意见》中指出将"推广翻转课堂、混合式教学等新型教学模式"作为培养教师的重要举措之一。2021 年教育部提出推进高校建立和完善适应在线教学、混合式教学的考核评价制度，加快

建立与高质量本科教育建设要求相适应的教育教学模式。《教育信息化 2.0 行动计划》颁布后，双线混融教学成为高校师生教与学的重要途径，教师适应双线混融教学模式的基本素养和能力建设亦备受重视。

双线混融教学模式发展中教师能力与素养建设一直是学界关注的热点问题，学者们从不同层面阐释和分析了双线混融教学模式中的教师能力与素养建设，如何欣忆和冯玲结合 TPACK 素养提出教师在双线混融教学模式中教学技术手段和学科教学方法均是重要的影响因素[1]；刘双结合胜任力理论对教师在双线混融教学模式中的个人特质、价值观、教学知识、教学能力进行了评估[2]；张进良等研究认为教学空间、教学资源、教学设计、教学管理和教学评价都是重要的影响因素[3]。但研究也发现：双线混融教学中线上教学并未能与线下教学有效结合[4]；高校教师尚未对双线混融教学做好充分准备[5]；即使少数教师已经做出尝试，但也仅是形式上的融合[6]。究其原因，教师的信息化素养是不容忽视的因素，宋权华和于勇研究指出多数教师的信息化素养仍处于中等乃至偏下的水平[7]；俞福丽强调需要重新定位教师在双线混融教学下的角色以提高其信息化素养[8]。

综上所述，学者们比较认可双线混融教学中教师能力与素养建设的重要性，并认同教师信息化素养是影响双线混融教学的重要因素。但目前双

---

[1] 何欣忆，冯玲. 混合式教学模式下的教师 TPACK 素养现状调查 [J]. 当代教育实践与教学研究（电子刊），2018（7）：877-878.

[2] 刘双. 双线混融模式下思政课教师教学胜任力研究 [J]. 福建江夏学院学报，2022，12（2）：102-109.

[3] 张进良，邢贞德，杨苗，等. 大学双线混融教学：内涵、因素与策略 [J]. 当代教育论坛，2022（2）：80-90.

[4] 甘容辉. 高校混合式教学法存在的问题及改进措施 [J]. 黑龙江高教研究，2016，34（7）：174-176.

[5] 张倩苇，张敏，杨春霞. 高校教师混合式教学准备度现状、挑战与建议 [J]. 电化教育研究，2022，43（1）：46-53.

[6] 沈欣忆，苑大勇，陈晖. 从"混合"走向"融合"：融合式教学的设计与实践 [J]. 现代教育技术，2022，32（4）：40-49.

[7] 宋权华，于勇. 高校教师信息技术素养：现状、困境与路径——以我国西部地区部分高校为例 [J]. 现代教育技术，2020，30（10）：78-84.

[8] 俞福丽. 混合式教学模式下高校教师信息化素养提升路径研究 [J]. 中国大学教学，2021（3）：86-90.

线混融教学中教师能力框架建设尚不完善,且研究多停留在理论推演层面,结合实证分析的研究较少,不能充分阐释其中的影响因素及其作用机理。基于此,本节选取江苏省7所高校为样本,对教师信息化素养对双线混融教学胜任力的影响进行实证分析,并依据其作用机理提供发展路径,以期为我国高校教师深入开展双线混融教学模式改革提供理论参考和政策指导。

(一)双线混融教学中高校教师信息化教学胜任力模型构建

1. 教师信息化素养对双线混融教学胜任力的影响

双线混融教学是将课堂教学与在线教学结合起来的新型教学模式,对教师是否具备双线混融教学基本能力提出较高要求,即教师是否具备双线混融教学胜任力。根据胜任力理论,"胜任力"是个体胜任某项工作职位、达成绩效目标所应具备的系列素质组合,由个人价值观、知识储备、技能水平、职业道德及相应社会角色等多方面要素组成,分为内在动机、自我形象与社会角色、知识技能特征等。根据美国学者理查德·博亚特兹提出的胜任力经典模型——洋葱模型(如图4-8所示),将胜任力要素分为三个层次:最内层是个体特质与动机、第二圈层是个人角色定位与价值认知、第三圈层是个人知识与技能。最内层的胜任力特征属于个体先天形成,不容易受到外界影响而改变;第二圈层的胜任力特征相较于最内层较容易发生改变;第三圈层的胜任力特征可以通过后天学习不断提升。

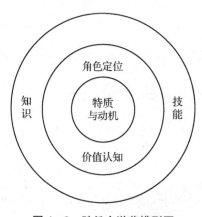

图4-8 胜任力洋葱模型图

不同教学模式对教师胜任力的要求不同。学者们对双线混融教学中的教师能力构成要素进行了研究，如陈薇等提出教师在双线混融教学中需关注教学计划能力、远程教学能力、专业科研能力、教学管理能力、教学创新能力等[①]。廖宏建和张倩苇提出双线混融教学应重点发展教师的教学设计能力、学习评价能力、质量监控能力、个性化教学能力、灵活适应能力等[②]。廖喜凤研究表明双线混融教学中应注重教师数据价值意识、数据道德意识和数据共享意识的培养[③]。谭江蓉研究指出双线混融教学中教师应注重协作能力、沟通能力和技术应用能力的培养[④]。这些要素可以作为考察教师双线混融教学胜任力的重要依据。结合胜任力模型基本要素要求和已有研究成果，从个体特质与动机、个人角色定位与价值认知、个人知识与技能三个维度，选择观念转变能力、协调应变能力、角色认知能力、职业服务愿景、流程重构能力、课堂控制能力和考核监督能力七个特征，构建双线混融教学的教师胜任力模型指标体系（表4-6）。其中，第一维度是个人特质与动机，包括观念转变能力和协调应变能力；第二维度是个人角色定位与价值认知，包括角色认知能力和职业服务愿景；第三维度是个人知识与技能，包括流程重构能力、课堂控制能力和考核监督能力。具体说明见表4-6所示。

表4-6 双线混融教学教师胜任力模型指标体系表

胜任力维度	胜任力特征	具体指标说明
个人特质与动机	观念转变能力	具备适应双线混融教学的教育理念
	协调应变能力	具备适应双线混融教学的协调应变能力

---

① 陈薇，黄洵，周驰岷. 基于远程教学背景下的混合式教学模式中教师胜任能力初探[J]. 天津职业院校联合学报，2015, 17 (7)：39-43.

② 廖宏建，张倩苇. 高校教师SPOC混合教学胜任力模型——基于行为事件访谈研究[J]. 开放教育研究，2017, 23 (5)：84-93.

③ 廖喜凤. 混合式教学模式下职业院校教师的数据素养及培养路径研究[J]. 黑龙江教育（理论与实践），2020 (1)：67-68.

④ 谭江蓉. 高校教师混合式教学能力分析框架及提升策略[J]. 湖北开放职业学院学报，2022, 35 (9)：136-138.

(续表)

胜任力维度	胜任力特征	具体指标说明
个人角色定位与价值认知	角色认知能力	具备双线混融教学的角色认知与价值认同
	职业服务愿景	具备双线混融教学的职业服务愿景与意愿
个人知识与技能	流程重构能力	能够实现双线混融教学的课堂流程重构与整合
	课堂控制能力	能够实现双线混融教学的课堂互动与管控
	考核监督能力	能够实现双线混融教学的有效课程监督与考核

同时，学者研究发现教师信息化素养是双线混融教学能否成功开展的重要影响因素。如王佳佳和张乐平研究表明在高校双线混融教学模式下专业教师教研形态转变中信息化素养较为重要，是传统的"灌输型"课堂向"融洽型、探索型"课堂转变的重要驱动要素[1]。解佳龙和卢特英认为：数字化教学平台不断增多，在线教学平台使用方式多样、便利和灵活，吸引了更多教师开展混合教学，也对教师在线教学的网络技术应用能力提出了更高要求[2]。杨利君指出：为保障双线混融教学的施教效果，教师必须不断提升网络教学平台应用管理、教学资源获取运用、网络课程设计等方面的水平，以保障双线混融教学的效果[3]。教师信息化素养较低会导致其无法胜任双线混融教学模式改革的要求[4]。更重要的是，学者们研究指出教师信息化素养对胜任力的影响会历经一个由表及里、逐层深入的过程，从观念转变、角色认识到行动实践需要一个逐步发展的过程[5]。

---

[1] 王佳佳，张乐平. 高校混合式教学模式下专业教师教研形态转变研究 [J]. 科教导刊，2022 (8)：62-64.

[2] 解佳龙，卢特英. 混合教学胜任力：认知变化、时代要求与形塑策略 [J]. 当代教育理论与实践，2022，14 (3)：118-124.

[3] 杨利君. 双线混融教学模式在大学生职业生涯规划课程中的实践创新 [J]. 中国成人教育，2022 (8)：57-60.

[4] 王鉴雪，杨兔珍，陈红梅. 推动抑或牵引：混合式课程自主学习投入的困境与破解 [J]. 黑龙江高教研究，2021，39 (9)：156-160.

[5] 徐沛缘，郭绒. 我国教师胜任力研究：阶段、主题与前沿——基于CiteSpace的文献计量学分析 [J]. 继续教育研究，2022 (9)：61-67.

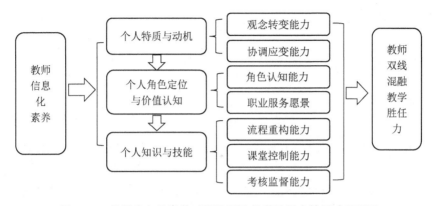

图 4-9 教师信息化素养对双线混融教学胜任力的影响机制图

基于此，本小节提出基本研究假设：

假设1：教师信息化素养对双线混融教学胜任力产生正向影响；

假设2：教师信息化素养对胜任力不同构成要素的影响程度存在差异，且对不同个体的影响效应具有差异性。

2. 数据来源与变量描述

本小节数据来源于江苏省7所高校的教师问卷调查，通过问卷星、对分易等平台发放网络问卷共700份，整理后获得有效问卷共657份。

（1）被解释变量：双线混融教学胜任力。胜任力常被用作衡量评价教师能否较好完成某项工作或达成某种目标的能力。根据胜任力模型基本要素和已有研究成果，本小节运用熵权法对观念转变能力、协调应变能力、角色认知能力、职业服务愿景、流程重构能力、课堂控制能力和考核监督能力七个要素特征的权重进行计算，进而通过计算值衡量教师双线混融教学胜任力。各要素特征的具体数值均通过李克特量表的教师自评获得，数值越高表明教师对自身能力越认可，即越能更好地胜任双线混融教学。权重计算方法如下：

$$x'_{ij} = \frac{x_{ij} - j_{\min}}{j_{\max} - j_{\min}} \tag{4-2}$$

$$P_{ij} = \frac{x'_{ij}}{\sum_{j=1}^{n} x'_{ij}} (j = 1, 2, \cdots, n) \tag{4-3}$$

$$e_i = -k \sum_{j=1}^{n} P_{ij} \ln P_{ij} = \frac{-1}{\ln n} \sum_{j=1}^{n} P_{ij} \ln P_{ij} \tag{4-4}$$

$$I_i = 1 - e_i \tag{4-5}$$

$$W_i = \frac{I_i}{\sum_{j=1}^{n} I_i} \qquad (4-6)$$

由于本小节中的七个特征指标均为正向指标，故仅采用（4-2）式作为指标的归一化计算公式，其中 x_{ij} 为第 i 个体 j 项特征指标的得分，j_{max} 为最大值，j_{min} 为最小值，x_{ij} 为归一化后的数值。（4-3）式用于计算综合标准化值，（4-4）式用于计算熵值，（4-5）式计算差异性系数，（4-6）式用于计算权重。

（2）解释变量：教师信息化素养。通常指教师利用、整合信息技术的技能[1]，具体而言是教师利用互联网等工具收集、评价信息并使用信息解决问题、实现教学效果的能力。该变量数据取决于教师对自身信息技术收集、学习、应用和决策等能力的综合评价。

（3）控制变量：根据个体特征差异的影响，一般选取教师性别、教师教龄、教师学历、教师职称和授课类型等作为控制变量[2]。具体变量设置情况如表 4-7 所示。

如表 4-7 所示，根据统计性描述，教师双线混融教学胜任力标准化后的综合得分均值为 0.494 6，说明样本的得分均匀分布于 0～1 间，有效反映了样本双线混融教学胜任力的大小差异。就不同构成要素而言，教师观念转变能力和职业服务愿景相对较高，均值分别为 3.844 4 和 3.746 9；协调应变能力和角色认知能力次之，均值达 3.181 1 和 3.049 5，处于中等偏上的水平；但是流程重构能力、课堂控制能力与考核监督能力均处于中等偏下水平，分别为 2.784 2、2.863 3 和 2.558 2。可以看出教师对双线混融教学持认可态度，但是相较而言实际应用能力（个人知识与技能）落后于思想转变与价值认知（个人特质与动机、个人角色定位与价值认知）。教师信息化素养为 3.620 9，处于中等偏上水平。此外，教师性别（0.492 1）、教师学历（2.137 5）、教师职称（1.951 8）的样本变量分布符合高校教师的实际特征，且分布均匀，保证了结果有效性。从教师授课类型看，理论课程相对较多。

---

[1] 李兆义，杨晓宏．"互联网+"时代教师专业素养结构与培养路径［J］．电化教育研究，2019，40（7）：110-120．

[2] 颜正恕．高校教师慕课教学胜任力模型构建研究［J］．开放教育研究，2015，21（6）：104-111．

表 4-7 描述统计表

变量类型	变量名		定义	均值	标准差
被解释变量	双线混融教学胜任力	标准化综合得分	计算值	0.494 6	0.120 8
		观念转变能力（0.052 4）	低=1；较低=2；一般=3；较高=4；高=5	3.844 4	0.856 0
		协调应变能力（0.154 9）	低=1；较低=2；一般=3；较高=4；高=5	3.181 1	1.079 5
		角色认知能力（0.160 0）	低=1；较低=2；一般=3；较高=4；高=5	3.049 5	1.063 1
		职业服务愿景（0.054 4）	低=1；较低=2；一般=3；较高=4；高=5	3.746 9	0.872 3
		流程重构能力（0.258 1）	低=1；较低=2；一般=3；较高=4；高=5	2.784 2	1.174 4
		课堂控制能力（0.179 0）	低=1；较低=2；一般=3；较高=4；高=5	2.863 3	0.966 9
		考核监督能力（0.141 2）	低=1；较低=2；一般=3；较高=4；高=5	2.558 2	0.739 5
解释变量	信息化素养		低=1；较低=2；一般=3；较高=4；高=5	3.620 9	0.788 3
控制变量	教师性别		男=1；女=0	0.492 1	0.500 1
	教师教龄		问卷填写值	16.875 7	9.040 8
	教师学历		硕士及以下=1；博士=2；博士后=3	2.137 5	0.493 5
	教师职称		讲师及以下=1；副教授=2；教授=3	1.951 8	0.795 4
	授课类型		基础理论课=1；专业理论课=2；专业实践课=3	1.767 1	0.872 1

注：括号内为特征指标的权重，为更为直观地反映各特征指标的实际情况，在计算均值和标准差时未乘以相应的权重。

3. 模型构建

教师信息化素养对双线混融教学胜任力的影响中,被解释变量包括双线混融教学胜任力以及观念转变能力、协调应变能力、角色认知能力、职业服务愿景、流程重构能力、课堂控制能力和考核监督能力七项特征,选项均参照量表形式设置,因此选取基本的 OLS 模型进行分析,构建模型如下:

$$\text{Ability}_{ik} = \beta_0 + \beta_{1k}\text{Literacy}_i + \beta_2 z_{in} + \varepsilon \tag{4-7}$$

式中,Ability_{ik} 代表第 i 个教师对自身双线混融教学胜任力的评分,k 用于区分双线混融教学的不同能力(观念转变能力、协调应变能力、角色认知能力、职业服务愿景、流程重构能力、课堂控制能力和考核监督能力)变量。Literacy_i 表示第 i 个教师对自身信息化素养的评价。β_1 表示常数项,β_{1k} 表示教师信息化素养对其双线混融教学胜任力的影响系数;z_{in} 表示控制变量,ε 表示随机扰动项。

(二)高校教师信息化素养对双线混融教学胜任力的影响分析

1. 教师信息化素养对双线混融教学胜任力的影响分析

教师信息化素养对双线混融教学胜任力的影响如表 4-8 所示。

表 4-8 教师信息化素养对双线混融教学胜任力的影响

变量	(1)	(2)	(3)
信息化素养	0.020 2*** (0.003 7)	0.019 1*** (0.003 7)	0.019 2*** (0.003 6)
教师性别		−0.002 9 (0.005 5)	−0.004 6 (0.005 5)
教师教龄		0.000 8** (0.000 3)	0.000 9*** (0.000 3)
教师学历		0.021 8*** (0.006 3)	0.022 6*** (0.006 3)
教师职称		0.019 1*** (0.004 4)	0.027 1*** (0.004 5)

(续表)

变量	(1)	(2)	(3)
基础理论课（对照组）		—	—
专业理论课		0.014 8* (0.008 7)	0.012 8 (0.008 9)
专业实践课		−0.007 5 (0.007 4)	−0.003 8 (0.007 5)
学校	未控制	未控制	控制
常数项	0.421 3*** (0.013 8)	0.329 2*** (0.021 8)	0.282 4*** (0.026 0)
样本量	657	657	657
R^2	0.022 0	0.036 2	0.030 2

注：①***、**、*分别表示在1%、5%、10%的水平上显著；②括号内为稳健标准误。

（1）列为教师信息化素养对双线混融教学胜任力的单因素回归结果；（2）列在（1）列基础上加入控制变量，用于排除样本个体、课程特征对结果的扰动；（3）列进一步对样本学校进行固定控制，用于排除学校因素的干扰。结果均表明，教师信息化素养对双线混融教学胜任力有显著促进作用（1%水平上通过检验），即教师信息化素养能够有效地提升双线混融教学胜任力，研究假设1得到验证。教师信息化素养不仅意味着教师拥有良好的教学信息化技术手段，同时也表明教师具备了运用信息化媒介开展教学方式多样性、内容丰富性、互动有效性探索和实践的基础，这些优势均能够有效提升教师双线混融教学的胜任力。在控制变量中，教师教龄、学历以及职称均在0.01水平上显著正向影响双线混融教学胜任力。资深教龄的教学经验积累、高学历的学习能力和高职称的专业知识储备对教师双线混融教学胜任力的提升均发挥积极作用。

2. 教师信息化素养对双线混融教学胜任力不同构成要素的影响分析

表4-9中（1）—（7）列分别为教师信息化素养对观念转变能力、协调应变能力、角色认知能力、职业服务愿景、流程重构能力、课堂控制能力和考核监督能力的影响结果。结果表明：教师信息化素养对观念转变能力、角

色认知能力、流程重构能力、课堂控制能力和考核监督能力具有正向显著影响（1%水平上通过检验），并且影响程度存在差异；对协调应变能力和职业服务愿景的影响则未通过显著性检验，假设 2 成立。协调应变能力和职业服务愿景更多与教师自身的先天条件如性格、价值观等因素紧密相关，不易受外界条件的影响而变化，尤其与信息化素养的关联性不如其他要素紧密，故信息化素养对协调应变能力、职业服务愿景的影响相对有限，后文将不再对其展开分析。

表 4-9 教师信息化素养对胜任力不同构成要素的影响

变量	观念转变能力 (1)	协调应变能力 (2)	角色认知能力 (3)	职业服务愿景 (4)	流程重构能力 (5)	课堂控制能力 (6)	考核监督能力 (7)
信息化素养	0.195 1*** (0.026 1)	0.106 8 (0.030 8)	0.192 3*** (0.032 1)	0.093 6 (0.024 2)	0.089 8*** (0.035 8)	0.126 5*** (0.029 6)	0.099 7*** (0.0216)
教师性别	−0.047 8 (0.039 3)	0.102 4 (0.051 0)	−0.084 0 (0.050 5)	−0.133 7 (0.039 0)	−0.084 7 (0.054 9)	0.0777* (0.0448)	−0.1169 (0.0328)
教师教龄	0.003 3 (0.002 3)	0.001 8 (0.003 0)	0.007 9*** (0.003 0)	−0.002 1 (0.002 3)	0.001 5*** (0.003 3)	0.007 5*** (0.002 7)	0.001 9 (0.001 9)
教师学历	0.074 5*** (0.044 1)	0.125 0** (0.058 2)	0.0826*** (0.057 4)	0.243 7* (0.043 4)	0.154 4** (0.063 1)	0.180 1 (0.051 4)	0.238 7** (0.037 5)
教师职称	0.192 9*** (0.032 4)	−0.026 0 (0.042 2)	0.019 5 (0.040 6)	−0.245 8 (0.032 5)	0.143 6*** (0.045 4)	0.191 7*** (0.037 1)	0.292 1*** (0.027 1)
基础理论课（对照组）	—	—	—	—	—	—	—
专业理论课	0.036 7 (0.065 0)	0.031 6 (0.083 0)	0.065 4 (0.079 7)	0.008 3 (0.063 2)	0.053 0 (0.088 8)	0.063 2 (0.071 3)	0.060 9 (0.050 6)
专业实践课	−0.017 3 (0.054 7)	−0.020 7 (0.067 9)	−0.0955 (0.066 7)	0.0122 (0.053 2)	0.0128 (0.072 0)	−0.0343 (0.061 0)	0.0440 (0.043 4)
学校	控制	控制	控制	控制	控制	控制	控制
常数项	2.911 0*** (0.185 3)	3.667 1*** (0.232 1)	2.002 8*** (0.229 5)	5.052 5*** (0.178 0)	1.469 3*** (0.247 2)	1.538 8*** (0.206 6)	1.126 0*** (0.153 3)

(续表)

变量	观念转变能力(1)	协调应变能力(2)	角色认知能力(3)	职业服务愿景(4)	流程重构能力(5)	课堂控制能力(6)	考核监督能力(7)
样本量	657	657	657	657	657	657	657
R^2	0.088 9	0.038 9	0.056 7	0.134 3	0.054 4	0.080 9	0.174 6

注：①***、**、*分别表示在1%、5%、10%的水平上显著；②括号内为稳健标准误。

在通过检验的不同能力构成要素中，教师信息化素养对观念转变能力（0.195 1）和角色认知能力（0.192 3）的影响效应最为显著，课堂控制能力（0.126 5）次之，流程重构能力（0.089 8）和考核监督能力（0.099 7）的影响相对略低。总体而言，目前教师信息化素养对教师开展双线混融教学的影响更多地体现在思想转变和价值认知层面，对实际教学中的个人知识和技术的影响效应还有待进一步加强。（1）教师信息化素养对观念转变能力和角色认知能力的影响效应最为显著。信息化素养的提升有助于教师了解数字化、信息化技术在教育领域应用的前沿动态，开辟教师教育教学改革的创新视野，帮助教师更为准确地进行角色定位，进而为双线混融教学探索提供更为广阔的发展空间。（2）教师信息化素养对课堂控制能力的影响效应次之。究其原因，在双线混融教学中，网络化平台的管理和使用增加了教师授课的不确定性风险，如网络卡顿、师生互动时效性滞后、课堂氛围和秩序管控失调等，而教师信息化素养的提升能够促使其更为熟练、有效地利用信息技术手段解决类似问题，因而教师信息化素养对课堂控制能力的影响效应相对显著。（3）教师信息化素养对考核监督能力的影响相对略低，主要原因是考核监督能力受教学考核方式的限制。一般而言，教师对学生学习效果的考核监督是多层次、多视角的，因此，双线混融教学中教师信息化素养的提升有助于考核监督能力的实现，但是如何更好地运用信息化素养来提升考核监督能力仍需要进一步探索和实践。（4）教师信息化素养对流程重构能力的影响相对最低。双线混融教学的流程重构是强调将线上课程与线下课程有机结合的过程，对教师综合素养的要求较高，教师需要同时深谙两种授课的方式、特点和利弊等因素，基于专业知识、教学方法等开展具有针对性的教学流程设计。换言之，教师信息化素养只是课程重构能力所需的基本要素之一，因而其影响效应的发挥依然较为有限，也说明这项指标的数值仍有较大的提升空间。

在控制变量中，教师性别、教师教龄、教师学历、教师职称等因素的影响效应存在一定的差异性。（1）教师职称对观念转变能力、流程重构能力、课堂控制能力和考核监督能力的影响均在1%的水平上通过了显著性检验，说明教师职称越高，其对双线混融教学的思想重视程度、课程教学设计、课堂实时掌控和考核监督评价都更为关注。但对角色认知能力的影响未通过显著性检验，说明职称较高的教师需要进一步加强信息化素养的培养和训练，通过运用信息技术手段提升自身的角色认知。（2）教师教龄对角色认知能力、流程重构能力和课堂控制能力的影响均在1%的水平上通过了显著性检验，教龄较长的教师具有丰富的实践授课经验，对于所授课程的了解也更为深入，进而在角色认知、课堂控制和流程重构能力方面体现出经验价值的作用。但是教师教龄对观念转变能力、协调应变能力、职业服务愿景和考核监督能力的影响均未通过显著性检验，可见教龄较长的教师信息化素养的观念转变需要更多的时间适应，而其协调应变能力和职业服务愿景不会受到信息化素养的影响，因而未产生显著性差异。而双线混融教学的考核监督对信息化素养有较高要求，教龄并没有体现出优势，需要加强网络化平台培训以增强基本实践操作能力。（3）教师学历对观念转变能力和角色认知能力的影响在1%的水平上通过了显著性检验，对协调应变能力、流程重构能力和考核监督能力的影响在5%的水平上通过了显著性检验，对职业服务愿景的影响在10%的水平上通过了显著性检验，但对课堂控制能力的影响未通过检验，说明教师学科及其专业综合知识的增长对双线混融教学实践较为重要，但课堂控制能力的培养仍需要在课堂教学中不断磨砺提升。（4）教师性别仅对课堂控制能力在10%的水平上的影响通过了显著检验，其他构成要素均未通过显著性检验，说明在双线混融教学中教师性别的影响总体而言不显著。另外，授课类型以基础理论课作为对照组，均没有通过显著性检验。

3. 稳健性检验

文章使用logit模型对基准回归进行稳健性检验（表4-10）。logit模型中被解释变量应为二分变量，故在此将信息化素养以0.5为临界值划分为较高信息化素养和较低信息化素养，分别赋值1和0。结果显示信息化素养在0.01的水平上显著性通过检验，与基准回归结果一致。控制变量中，教师教龄、教师学历和教师职称对双线混融教学胜任力产生显著影响且方向均为正，也证实了基准回归的准确性。

表4-10 稳健性检验—教师信息化素养对双线混融教学胜任力的影响

变量	(1)	(2)	(3)
信息化素养	0.236 7*** (0.059 3)	0.227 3*** (0.060 1)	0.244 4*** (0.062 0)
教师性别		0.048 9 (0.096 0)	0.024 7 (0.098 7)
教师教龄		0.011 4** (0.005 6)	0.014 2** (0.005 8)
教师学历		0.311 3*** (0.107 8)	0.346 1*** (0.112 3)
教师职称		0.179 0** (0.074 5)	0.296 7*** (0.081 1)
基础理论课（对照组）		0.000 0 (.)	0.000 0 (.)
专业理论课		−0.018 0 (0.147 5)	−0.028 1 (0.154 8)
专业实践课		−0.182 1 (0.126 9)	−0.139 8 (0.131 2)
学校	未控制	未控制	控制
常数项	−0.892 5*** (0.220 1)	−2.032 8*** (0.356 2)	−2.992 9*** (0.458 8)
样本量	657	657	657
伪 R^2	0.022 0	0.036 2	0.030 2

注：①***、**、*分别表示在1%、5%、10%的水平上显著；②括号内为稳健标准误。

胜任力不同构成要素的赋值方式采用量表打分，可将打分数值视为一种有序分类，故在此使用ologit模型对原模型进行替换，以实现稳健性检验的目的。表4-11的结果表明教师信息化素养对观念转变能力、角色认知能力、流程重构能力、课堂控制能力和考核监督能力起着正向显著促进作用，影响强度依次为角色认知能力（0.351 5）、观念转变能力（0.339 7）、课堂控制能力（0.252 8）、考核监督能力（0.215 0）和流程重构能力（0.192 5），结果均与表4-9一致。就控制变量而言，除个别变量的影响存在差异外，其余也与表4-9大体相同，证实前文结果通过稳健性检验。

表 4-11 稳健性检验—教师信息化素养对胜任力不同构成要素的影响

变量	观念转变能力(1)	协调应变能力(2)	角色认知能力(3)	职业服务愿景(4)	流程重构能力(5)	课堂控制能力(6)	考核监督能力(7)
信息化素养	0.339 7*** (0.060 8)	0.189 3*** (0.055 1)	0.351 5*** (0.060 1)	0.206 6*** (0.056 2)	0.192 5*** (0.060 9)	0.252 8*** (0.063 9)	0.215 0*** (0.064 5)
教师性别	-0.093 0 (0.094 5)	0.181 4** (0.087 5)	-0.160 8* (0.090 7)	-0.325 7*** (0.0915)	-0.139 3 (0.086 9)	-0.135 8 (0.094 0)	-0.327 4*** (0.096 5)
教师教龄	0.007 3 (0.005 7)	0.003 3 (0.005 3)	0.015 7*** (0.005 4)	-0.005 1 (0.005 5)	0.002 8*** (0.005 3)	0.015 4*** (0.005 7)	0.006 1 (0.005 7)
教师学历	0.163 3*** (0.108 6)	-0.220 5** (0.101 1)	0.168 5 (0.103 3)	0.548 2*** (0.101 1)	0.208 2** (0.100 1)	0.393 3*** (0.109 6)	0.694 1*** (0.112 4)
教师职称	0.450 1*** (0.080 2)	-0.059 6 (0.074 5)	0.037 2 (0.072 6)	-0.544 9*** (0.075 6)	0.231 1*** (0.071 7)	0.395 0*** (0.079 8)	0.857 5*** (0.080 8)
基础理论课(对照组)	—	—	—	—	—	—	—
专业理论课	0.112 1 (0.153 8)	0.060 8 (0.147 7)	0.161 2 (0.148 7)	0.033 9 (0.145 4)	0.096 1 (0.144 4)	0.131 1 (0.150 5)	0.202 3 (0.143 3)
专业实践课	0.051 6 (0.133 8)	-0.048 8 (0.117 3)	-0.155 8 (0.117 8)	0.030 7 (0.123 7)	0.022 3 (0.112 1)	-0.033 0 (0.131 5)	0.128 4 (0.125 2)
学校	控制	控制	控制	控制	控制	控制	控制
样本量	657	657	657	657	657	657	657
伪 R^2	0.036 1	0.015 1	0.022 2	0.056 4	0.018 9	0.032 1	0.086 4

注：① ***、**、* 分别表示在 1%、5%、10% 的水平上显著；② 括号内为稳健标准误。

(三) 高校教师信息化素养赋能双线混融教学的创新路径

双线混融教学是顺应信息时代发展的新兴教学方式，是传统线下课堂和网络线上课堂的融合再造，能够有效提升课堂的效率与质量。因需要同时融合线上、线下教学特点，双线混融教学对教师的信息化能力素养提出更高要求。基于此，本小节收集了江苏省 7 所高校 657 份有效调研问卷数据，考察了教师信息化素养对双线混融教学胜任力三个维度（个人特质与动机、个人角色定位与价值认知、个人知识与技能）七项指标（观念转变能力、协调应变能力、角色认知能力、职业服务愿景、流程重构能力、课堂控制能力、考核监督能力）的影响，结果表明：（1）教师信息化素养正向显著影响双线混融教学胜任力；（2）教师信息化素养对双线混融教学胜任力不同构成要素的影响程度存在差异，对观念转变能力和角色认知能力的影响效应最为显著，课堂控制能力次之，课程重构能力和考核监督能力的影响相对略低。总体而言，教师信息化素养对教师个人特质与动机、个人角色定位与价值认知的影响相对显著，对教师个体知识与技能的影响还有待进一步提升；（3）教师职称、教师教龄、教师学历均是影响教师双线混融教学胜任力的因素，需要在教学创新实践中给予必要的关注。基于此提出如下建议：

1. 思想先导，积极树立信息化教学创新理念

信息化教育的创新意识是实现双线混融教学的思想先导。新技术、新媒体和智能终端为教育者和学习者都提供了丰富的认知工具和支撑环境，只有突破原有的常态认知和惯性思维才能开展新的实践行动。对于尚未实现信息化创新理念转变的教师，要加强宣传引导，阻断其对原有教育模式的路径依赖；也可以给予其更多融入双线混融教学的体验机会，通过实际感受双线混融教学的成效，激发其提升信息素养的积极性，实现更新信息化教学理念的目标。对于已经基本树立信息化教学理念的教师，要助力其进一步挖掘认知潜能，充分认识双线混融教学的必然趋势与优势，在双线混融教学教育理念转变和价值认知实践中取得更多成果。

2. 设计助力，深度推进信息化教学流程重构

信息化教学课堂设计与流程重构是实现双线混融教学的关键环节。成熟的双线混融教学课堂能够充分结合线上网络教学与线下课堂教学的优势，通过挖掘教师信息化素养的行动空间，形成融合互补的"以学生学习全过程为

中心、以课程全生命周期为轴线"的课程流程架构，通过搭建教学平台、共享教学资源、发布教学任务、对分课堂研讨、分阶课后训练、拓展知识范畴等"线上＋线下"整合措施，实现"课前—课堂—课后"的全流程课堂架构重组和更新，充分发挥信息化教学的优势，提升教师信息化素养的能动性，进而实现理想的双线混融教学效果。

3. 炼技赋能，有效拓展信息化教学课堂互动

信息化教学课堂互动与调控是双线混融教学目标实现的重要保障。在双线混融教学过程中，难免遇到课堂互动障碍和应急突发状况，运用信息化手段能提高教师对课堂的掌控度，保障授课教师及时有效地做出应对决策。一方面，信息素养的提升可以帮助教师通过运用信息化教学软件、调整授课方式等方法，快速解决如设备故障、软件失效等因教学工具导致的突发状况；另一方面，信息素养的提升也能够帮助教师通过使用更多元的教学工具，对授课方式、授课进程做出适时调整，更好地实现翻转课堂、对分课堂等师生互动形式，有效保障双线混融教学的课堂秩序和课程效果。

4. 多维评价，融会贯通信息化教学监督考核

信息化教学监督考核是双线混融教学课堂反思与课程改进的关键依据。有效的课程监督考核机制能够为教师的教学实践积累有益的经验，同时也为后续的教学安排调整给出规划性的参考意见。以 OBE 教育评价理念为核心，以学生为中心，以成果导向为基础，以持续改进为目标，通过信息化手段和方法的注入，从"学生评教、督导评课、课程组督课、同行观摩互评"等多元维度构建课程监督考核体系，充分发挥不同阶段、不同评价对象、不同途径方式的特点和优势，融会贯通教学监督考核全过程，促进任课教师及时有效地查阅教学监督反馈和评价状况，有效改进教学方式和教学方法中的"堵点"，促进双线混融教学目标的有效实现。

第五章
高校教师信息化教学能力培养的国际比较

纵观世界,信息化浪潮奔流,涌向各行各业,自然地,将信息技术融入教育事业发展也成为流行趋势。相应地,高等教育须为适应新的社会发展进步而做出相应调整与变革,作为教育信息化改革与发展中的关键一环、作为教学知识的传播者与检验者,高校教师能否顺应时代变化、能否充分掌握信息化教学能力,对成功实现教育信息化有着不可忽视的作用。美国、英国、新加坡、日本和法国作为最早意识到信息技术于教师教学能力提升至关重要的一批发达国家,通过实施系列教育信息化发展战略以及教育政策改革,已经在数字基础性设施建设、数字化学习资源供给、数字化课堂使用和信息化事务管理等领域取得了显著的成就。

因此,本章对发达国家高校教师信息化教学能力培养的发展脉络进行梳理,分析其发展特色与未来趋势,吸收借鉴有益经验,为实现党的二十大提出的"推进教育数字化,建设全民终身学习的学习型社会、学习型大国"目标、为教育政策制定者提供科学合理的教师信息化教学能力培养建议,助力推动科教兴国战略目标的实现。

一、高校教师信息化教学能力培养的国际发展情况

(一) 美国高校教师信息化教学能力培养

教育信息化的历程率先启动于欧美发达国家。作为世界头号经济强国,以科技立国的美国尤为重视现代信息技术在教育教学领域的应用[①]。自美国将

---

① 何克抗. 关于《美国 2010 国家教育技术计划》的学习与思考 [J]. 电化教育研究,2011 (4): 8-23.

信息化引入教育领域以来，其发展历程大致经历了兴起准备期、普及应用期、战略发展期和全面变革期，呈现出迅猛的发展态势。

1. 兴起准备期（1991—1996 年）——以基础设施建设为基石

在 20 世纪，美国便凭借其先进的技术开始研究将计算机应用到教育教学当中。1980 年，美国学者威廉姆·西诺特便提出 CIO（Chief Information Officer）概念，专门负责学校及教育机构信息化建设的工作[①]。1993 年，克林顿的国情咨文提出美国"信息高速公路"的概念，旨在建立贯通美国各大学、研究机构、企业甚至普通美国家庭的全国性信息网络，以信息交流为目的，其核心便是发展以 Internet 为核心的综合化信息服务体系和推进信息技术在社会各个领域的广泛应用[②]。

1996 年，克林顿政府推出了首个"国家教育技术计划"（简称 NETP），该政策计划在基础设施建设、教师专业发展、技术支撑、创新技术开发等方面提供了大量的资金支持，最终在计算机配置、互联网接入、专业升级和技术推广等方面获得良好效果，帮助教师在课程教学中融入信息技术，为师生提供高质量的学习软件和学习资源，使其掌握强大的学习能力。

2. 普及应用期（1997—2000 年）——以技术应用为基准

2000 年美国联邦教育部对新一轮教育改革与信息技术发展趋势做了系统分析，然后修订发布了"NETP2000"（电子化学习：使儿童接触世界级教育）。为确保每一位学生都能获得全球最顶尖的教育，新版文件提出了对教育信息化工作的全新要求。

自第一版 NETP 发布，在全美国教育系统的努力和统一行动下，截至 1999 年，美国教育信息化基础设施已经基本铺设完毕。基于此，"NETP2000"已不再局限于教育基础设施的建设，而是聚焦于各种教育要素的参与过程，如已建成基础设施的高效利用、技能型教师的培养锻炼、教育教学技术的融合发展等。

3. 战略发展期（2001—2004 年）——坚持有效教学

2002 年 1 月 8 日，时任美国总统布什签署《不让一个孩子掉队法案》。美

---

① 梁林梅，刘永贵，桑新民. 高等教育信息化发展与研究论纲 [J]. 现代教育技术，2012，22（1）：5-9.

② 蒋笃运. 教育信息化若干重大问题研究 [M]. 北京：科学出版社，2008.

国教育部门已经认识到,在大量的硬件支持得到满足的情况下,有效教学的关键在于教师的培训记忆教学活动中技术的作用发挥,要强化 E-rate 资金的应用,让资金投入与学校实际情况相结合。

为了更好地推动美国教育信息化的发展,"NETP2004"提出了七项行动建议,包括提升领导能力、考虑预算革新、完善教师培训、支持在线学习、推广宽带网络、迈向数字内容和数据整合系统。在其他六项目标配合的基础上,"NETP2004"对教师能力培养提出四项改进措施:提升新教师使用技术的前期准备水平,保障教师网上在线课程的学习机会,提升教师教育质量及可持续性,以数据实现个性化教学。

4. 全面变革期(2005 年至今)——注重教育整体变革

2005 年起,美国政府坚持强调用全面立体的教育改革方案提升国内教育质量。2010 年,第四部美国《国家教育技术规划 2010》(简称 NETP2010,改革美国教育:以技术赋能于学习)正式发布,这一规划认识到,科技是日常生活和工作的核心,提出"技术支持下的 21 世纪学习模型",该计划从学习、评价、教学、基础设施和生产力五个重要方面对该学习模型进行了多元塑造。

2015 年,"NETP2016"颁布,旨在重塑技术在教育中的作用,联邦教育局将发展焦点转换为科技如何与教育更好地融合,更好地发挥软件技术的功能,降低教育事业发展成本,但此规划在教师能力培养方面仍有不足,较少涉及教师职前以及在职教育中有效提升信息技能。基于此,"NETP2017"发布,意在为相关教育机构或研究人员实现技术变革学习的愿景[①],在"教学"方面加入了教育技术在教师发展中的作用与相关指导原则。2019 年,美国教育科学研究院再次强调教育技术在教学中的重要性,意图进一步探寻完善高校教师信息化能力培养方式[②]。

综上,美国的教育信息化政策在设施配置、教师培训、师生互动、网络实用性等方面进行了全面优化,试图以政策配合提升高校教师信息化能力,推动教师专业发展和技术与教学深入融合。

---

① 李克琳,许之民. 赋权视角下的技术变革学习——美国国家教育技术计划 2017 更新版之"学习"部分述评 [J]. 现代教育技术,2018,28 (3):26-32.
② 王葛平. 美国教育科学研究院强调教育技术在教学中的重要性 [J]. 世界教育信息,2019,32 (16):78-79.

（二）英国高校教师信息化教学能力培养

英国是现代高等教育起步和发展历史最悠久的国家之一。时至今日，英国高等教育仍以其特有的质量管理和治理模式在欧洲乃至世界享有盛名。随着信息时代的不断演进，英国的教育政策日益彰显其信息化教育的非凡意义。在20世纪60年代，英国开始积极推行信息教育课程。整体来说，其教育信息化进程可分为三个发展阶段：

1. 突出发展硬件建设

在2000年之前，英国的基础教育信息化建设仍处于网络通道建设的初级阶段，主要通过网络硬件设备、网络互联互通等硬件建设实现信息的快速传输与共享。自1998年起，英国正式启动全面国家学习信息系统，并成立英国教育传播与技术署（BECTA），旨在积极推进国家层面的教育信息化战略，促进教育现代化进程。通过政府职能发挥与市场调节机制的组合拳，英国跳出资金投入与教育效益脱节的怪圈，资源配置得到优化，实现了硬件建设的可持续发展，资金逐渐不再成为基础教育信息化建设的束缚。2000年后，经过政府与市场的调控，基础教育信息化建设整体上已处于均衡发展状态，各级各类学校在硬环境上基本平等。

2. 重视软件建设

2000年左右，英国基础教育信息化建设进入第二阶段，初步完成了信息化应用平台的建设。信息化应用平台的产生和发展应社会发展或社会需求不断变化，并在发展和被替代的过程中逐渐完善。在此时期，英国的教育信息化以加快软件建设为指导思想，期望借助信息化应用平台高速流通共享信息资源，为所有学生提供ICT（Information and Communications Technology）应用机会，以实现教育管理和应用人员使用机会的全面覆盖，最大范围扩大平台使用率和每个人的占有率

3. 强化人员信息素质培养

2000年以后，教育信息化建设进入信息化平台深化发展阶段，这一时期注重培养人员的信息素质，强调教育信息化的社会需求性和社会导向性。2008年，BECTA启动"利用技术：下一代学习（2008—2014）"计划，进一步阐述ICT技术促进学习的方式。同期，信息化平台往纵深发展，标志性事件为针对细分市场的教师网的开通，最大的变化为使用对象更为精细，面

向所有教师、所有学习者。

在这一阶段，信息化平台的深层次发展主要体现在内容纵深发展、数据库快速更新充实、系统间集成互通、数据处理科学有效、信息化平台市场细分、需求满足多样化这六个方面。2017年2月，英国发布《英国数字战略》，再次表明技术能够有效支撑教学活动，帮助教师创建高效高质的工作环境，使其专注教学任务，致力于提高学生的课堂参与度。为了巩固英国教育技术在国际上的领先地位，英国教育部于2019年发布《教育技术战略：释放技术在教育中的潜能》一文，试图进一步挖掘技术作用于教育的新形式，推动教学方式发生根本性变革。

总之，在信息社会背景下，教育信息化建设已成为英国政府最基本的工作之一，其建设过程历经了由物到人的关注重心转变，以更加全面地理解、认识、把握信息社会为目的，不断挖掘内在发展动因，持续推进教育信息化建设、培养教师信息化教学能力。

（三）新加坡高校教师信息化教学能力培养

20世纪70年代末，新加坡就敏锐地捕捉到了信息技术背后隐藏的巨大发展潜力及其重要的对经济发展的推动作用，并在1980年制定了第一个国家信息化战略规划。受制于领土太小、自然资源匮乏等自然条件，新加坡一直秉承着以人才助发展的理念[1]，相应地，教育在新加坡发展中成为不可或缺的一部分[2]。在此背景下，受依靠人才发展理念的影响及国家信息化战略的驱动，新加坡教育部自1997年起连续推出四个有着重要影响力的教育信息化发展规划（Master Plan，简称MP）。

1. Master Plan 1（MP1）

MP1计划是新加坡首个教育信息化发展方案，旨在利用先进技术改变教育，通过学校信息化基础设施建设和教师ICT技能培训，确保信息化教学的顺利开展，为下一步广泛提升国家和学校的人力资源水平，稳住新加坡在经济竞争中的优势做好准备，实施时间是从1997至2002年。

---

[1] Chang J H Y. Culture, state and economics development in Singapore [J]. Journal of Contemporary Asia, 2003, 33（1）: 85-105.

[2] 刘奕民. 新加坡教育体制 [J]. 外国教育资料, 1993（1）: 1-6.

MP1 的实施为新加坡开展信息化教学奠定了坚实的基础：首先，所有学校配套建设信息化教学所必需的基础设施；其次，教师基本掌握信息化教学所需的基本教学技能，包括一定的课程整合能力等相关信息化教学的核心能力，能在教学中应用 ICT 技术；最后，学生基本掌握信息化教学所需必备的学习技能，包括简单的文字处理以及运用 ICT 进行选择、分析等①。

2. Master Plan 2（MP2）

2004 年，"Teach less, Learn more"这一教育理念被提出，旨在推动教师转变教育思想，鼓励学生为人生发展做准备。基于这一理念，新加坡第二个教育信息化发展规划 MP2 结合 MP1 已有建设成果，提出融合信息技术与教学应用。此外，在 2006 年，新加坡发布了为期十年的信息化战略规划，力图"将新加坡建设成为一个信息技术支撑的智能化国家和全球化城市"②。

MP2 强调将信息技术融入教育教学，以促进学生在已有信息化基础设施的基础上获得更高层次的学习体验，从而提升他们的认知水平和学习效果。在此大背景下，为了更好地推动教学相长的优质学习环境建设，新加坡政府决定将更多的自主权赋予学校，以便学校能更好地利用信息技术。通过制定专门的"教师培训计划"，开展形式多样的在职继续教育等活动，使教师具备较高的信息化教学能力。MP2 主张，教师成长的核心在于缩小不同信息技术应用水平的教师的个性化差异，为他们提供不断提升的机会，采用多种途径并行提升教师的信息素养，实现教师多层面、可持续发展，以推动教师专业素养的不断提高，同时培养和提高教师的信息素养。在 MP2 的指导下，新加坡的教师们在信息化教学方面取得了长足的进步，他们以学生为中心，运用信息技术打造了一个以学生为中心的学习环境，从而促进了学生对知识的构建，提高了学生解决问题的能力③。

---

① Chai C S, Wang Q Y. ICT for self-directed and collaborative learning [M]. Singapore：Person Education South Asia Pte Ltd, 2010.
② 张永军. 新加坡智慧国计划对我国基础教育信息化的启示 [J]. 中国电化教育，2008(8)：30-33.
③ Chai C S, Wang Q Y. ICT for self-directed and collaborative learning [M]. Singapore：Person Education South Asia Pte Ltd, 2010.

3. Master Plan 3（MP3）

MP1 以及 MP2 的落实为新加坡的教育信息化夯实了较为完备的基础，基于此，2009—2014 年间的新加坡教育信息化发展具体方案即 MP3 出台，更强调充分利用信息技术的优势，教师被要求培养学生自主协作的学习能力①。在具体实施目标中，MP3 要求教师能够从师生学习伙伴关系建立、多平台网络促协作、学习效果评估等方面充分发挥自身能动性，进而拓展学生的学习经验、促进学生的自我学习与监督管理、推进学生的协作学习。截至 2014 年，通过调查 12 所学校、8 000 名参与者，新加坡政府发现教师有能力利用 ICT 开展灵活教学、丰富学生的学习经验②。为了进一步培养适应 21 世纪数字化学习生活的学生，新加坡教育部推出了第四个教育信息化发展规划——Master Plan 4（MP4），为未来的发展奠定了坚实的基础。

4. Master Plan 4

为了 MP4 的科学性得到充分保障，新加坡教育部教育技术中心组织规划小组通过广泛借鉴国际教育信息化发展相关经验、充分调查国内教育信息化现状与需求双重手段，将 MP4 的重点聚焦于五个方面：一是以教带学，将信息技术融入课程设置、教学方法等多方面，以便充分利用 ICT 技术带动学生学习能力的培养，助其具备未来的数字化学习能力；二是提升教学效果，增强 ICT 在教学设计中的应用效果，丰富教师教学模式；三是学习资源多样化，以学校为平台构建面向师生的多样学习资源分享机制，汇集 ICT 利用机会，提升学习资源利用的效率与质量；四是重视教育价值与网络健康，兼顾考量学生的实际发展水平及切实需要；五是学习设备使用公正性。

信息技术环境下，教师的设计能力能够直接影响学生的学习效果③，因此 MP4 要求"教师要成为学习经验和环境的设计者"，基于此对教师提出了三个要求：首先，明确各种信息技术在实际应用中的优缺点，并在此基础上全面掌握技术应用、资源设计和数字化学习实施的能力；其次，倡导并践行信息

---

① Chai C S, Wang Q Y. ICT for self-directed and collaborative learning [M]. Singapore: Person Education South Asia Pte Ltd, 2010.
② Chai C S, Koh J H L, Teo Y H. ICT for 21st century learning [M]. Singapore: Person Education South Asia Pte Ltd, 2015.
③ Kirschner P A. Do we need teachers as designers of technology enhanced learning? [J]. Instructional Science, 2015 (2): 309-322.

技术安全、负责人使用理念，致力于打造一个安全、高效的学习环境，让学习者能够凭借信息技术获得最优质的学习体验；最后，注重培养学生利用互联网和移动终端进行自主学习、协作学习与交流合作等现代信息素养。教师应当把握学校所提供的促进专业发展的机会，汲取高品质的在线资源，积极融入网络化学习社区，共享成功的教育教学经验，以达到更高层次的教育教学目标。在信息化时代，教师扮演着不可或缺的角色，他们是学习和生活中不可或缺的参与者。只有那些具备信息技术革新教学实践所需的能力和意识的教师，才能在构建有意义的学习环境、为学生提供高质量的学习经验方面发挥最大的作用。

(四) 日本高校教师信息化教学能力培养

20世纪50年代，日本政府逐步利用多媒体设备开展教育，尤其是在1994年信息技术被定为国家战略产业后，各类相关国家政策不断出台，通过基础建设、政策引导、教育实践和研究讨论，逐步推进教育信息化。日本的教育信息化政策经历了三个不同的发展阶段，每个阶段都有其特点[①]。

1. 萌芽阶段（1945—1980年）

随着日本经济的首次腾飞，大量技术工人的短缺促使日本开始利用广播、电视、录像带等媒介，通过全日制、定时制和通信制等多种课程培养人才。其中，NHK高校讲座（原名"通信高校讲座"）影响力最大。1961年，《学校教育法》改革通过《高等专门学校设置基准》，开始设立高等专门学校，其中通信技术、信息处理等专业最受欢迎。为了培养电子信息领域的产业技术人才，日本信息教育开始向职业化方向发展。1981年，日本文部省开始拨出"学校教育设备整备费"等补助金，以购置教具的方式在学校引入电视机、电脑等多媒体设备，这一举措标志着日本多媒体教育的起步。

2. 定性阶段（1981—2000年）

1981年，日本启动了学校教育设备整备计划，旨在持续推进国家教育信息化进程，以实现教育现代化的目标。在1983年，中央教育审议会"教育内容调查委员会"在审议报告中首次提出了通过传授信息选择和应用等知识，

---

① 张玮，李哲，奥林泰一郎，等. 日本教育信息化政策分析及其对中国的启示 [J]. 现代教育技术，2017 (3)：5-12.

培养学生使其在信息化社会下具备自我教育的能力。1985年也被称为日本的"计算机元年",文部省发布"有关对应信息化社会初中等教育现状的调查协力者会议第一次审议总结",自此确立信息应用能力培养的重要地位。1986年,临时教育审议会发布《关于教育改革的第二次咨询报告》。自此,1987年开始的"新媒体教育利用开发事业"和1988年开始的"新媒体教材研究开发事业",标志着日本正式启动多媒体教学信息教育研究。1994年,"高度信息通信社会推进总部"设立,以首相为总部长,由所有内阁成员共同组成,优先发展信息通信产业。1998年,再次修订的《学习指导要领》要求"信息"成为学生必修内容。

3. 转型阶段（2001年—2019年）

2001—2009年间,日本政府实施了里程碑式的信息化战略三部曲:一是e-Japan（2001）,该计划致力于在2005将日本建设成最先进的ICT国家,推进教育信息化进程、培养教育信息化人才;二是u-Japan（2004）,目标在于利用泛接网络构建一个跨越时空限制的信息化社会;三是i-Japan（2009）,旨在在教育领域建立一套可持续稳定培养高端信息通信技术人才的体系,构建安全但不失活力的数字化社会。

2016年,七国集团教育部长会议上,《仓敷宣言》发表,提出顺应全球化潮流,进一步推进技术革新教育,并鼓励采用ICT技术来帮助那些处于经济或社会劣势的学生。总务省公布了11所实践学校及实践内容,旨在推进面向2020年的青年层编程教育普及事业。因此,2016年也被日本媒体视为"编程教育"元年,标志着信息应用能力被纳入日本生存能力的培养范围,并逐步加速推进信息技术教育的均一化和低龄化,以实现整个社会终身化信息教育。

4. 变革阶段（2019年至今）

近几年,日本越发重视信息利用对"社会5.0"（未来超智社会）的重要引领意义,学校教育应努力培养善于利用信息的人才。基于此,2019年,日本文科省公布并开始施行"学校教育信息化推进计划",以全面、有计划的方式推进学校教育信息化相关措施的落实,明确了信息技术对于教职员在事务处理效率、工作负担减轻、教学质量改善等方面的积极意义。同年12月,日本通过了决议"面向所有学校的全球创新门户"构想,为引进ICT教育奠定了基础。作为"促进学校教育信息化计划"和"面向所有学校的全球创新门户"构想的延续,2022年4月,日本文科省发布了"学校教育信息化推进计划",强调提升教师使用 ICT 的能力,进而实现学习环境质的提升、校务工作效率的飞跃。自此,学生数字素养全方位培养、教职员工数字能力提升、学校数字环境改善、学校管理数字化推进成为日本学校教育信息化未来五年的四大发展方向。

(五) 法国高校教师信息化教学能力培养

1. 基建筹备期

信息与通信技术在法国的学校教育中出现应用趋势的时间出现得并不晚。1985 年,法国启动了一项规模宏大的计划,旨在普及计算机知识,让每个人都能掌握计算机技能。这项计划要求所有教师和教育工作者使用多媒体技术进行教学。1995 年,法国教育部颁布了一项多媒体教学发展计划,旨在通过国家和地方投资推动多媒体教育的发展[①]。按照该方案,到 2000 年为止,参与多媒体学习活动的学生范围涵盖幼儿学校至大学。可惜由于教师培训不到位以及其他多种因素的影响,导致大部分设备处于闲置状态,其利用率仅为 20%,收效微不足道。

2. 教育转型期

1997 年,法国制定了一项为期三年的教育信息化发展计划,旨在通过培训教师的信息教育,提高教师多媒体教学和微机操作的应用水平,以最大限度地发挥现有信息设备的使用效率,弥补过去的教训。同时,法国政府对计算机基础教育也给予了高度重视,教育部计划将现有教师培训学院与教师进修学院进行合并,新教学技术成为教师持续培训中最为重要的组成部分。1997 年 8 月,法国政府制定"信息社会的政府行动计划",旨在通过充分利用多媒体资源推动教育系统在信息与通信技术领域的应用,以确保每位青年在毕业时都能掌握未来个人和职业生活所需的信息与通信技术,并得到包括计算机在内的信息技术专家们的大力支持响应。此外,为了促进多媒体等新技术的发展,1998 年,法国政府从最近上市的法国电信公司的股票收入中提取了 10 亿法郎,其中 6 亿法郎被用作风险投资基金,以鼓励企业积极探索开发新技术。

---

① 王晓辉. 法国教育信息化的基本战略与特点 [J]. 外国教育研究, 2004 (5): 60-64.

3. 变革升级期

随着 21 世纪的到来，法国深刻认识到教育变革在新环境、新形势下的至关重要性，在这一判断下，法国国家教育信息化发展迈出了具有战略性的发展之路。2002 年 1 月，法国信息技术战略委员会发表《学校与信息社会》建议书，表明"学校是信息社会的基石"。2015 年 5 月法国政府在数字化教育研讨会上正式公布了"数字化校园"的教育战略，并计划通过信息化教育装备水平的不断提高，创造智能化教育环境，促进国民教育的创新与发展，并于当年 9 月全面开展了对教师的信息素养培训项目。

2017 年，法国国民教育部启动了一项旨在打造可信赖校园的计划，其中信息化被视为本次教育改革的主要推动力之一。该计划将学校网络作为一个整体来考虑和规划，旨在提升教学效率和质量，为师生提供个性化学习的机会，提高学校管理效率，从而实现"让每个孩子都能成为最好"的目标。2018 年，《数字化助力可信赖校园》报告总结了法国在教育信息化领域的发展历程。该报告认为，信息技术为教育带来了巨大的便利和机遇，但同时也给学校管理者以及广大师生带来诸多挑战，教育数据在教育过程和教育环境中的核心地位不可撼动，只有汇集各方力量，才能推动国家教育信息化不断发展。在"信息化服务于教师职业能力发展的相关举措"中提出了平台在线教学、教师经验分享、数字能力自测、数字教育科研成果产出、多方共促教学创新等具体举措，进一步推动法国高校教师的信息化发展变革。

2020 年，受"新冠肺炎"疫情的影响，法国推出"教育数字领地"项目，并获得良好效果，通过全面部署教师及家庭数字设备、教育内容及培训系统，使数字教育契合地方需求，适应环境，推动了教育体系转型。2021 年 7 月，《教师流动和学校结对：法国教育体系转型的挑战》的报告发表，强调依托未来教师能力培养提供优质教育、提升法国教育体系质量。

综上，五国的教育信息化建设历程皆呈现出一种内在逻辑，即从设施建设、资源开发、队伍培训、应用提升到教学变革的全过程，这一过程构成了五国教育信息化战略发展和推进的核心。尽管在教育改革过程中的部分教育理念存在差异，但其核心目标相似，已逐渐聚焦于学生个性化和全面化的发展，且这一趋势日益明显。

二、高校教师信息化教学能力培养的国际比较

(一) 目标设计

通过梳理美国、英国、新加坡、日本以及法国的高校教师信息化教学能力发展脉络,管窥其教育信息化战略和布局,梳理出国际教育信息化的发展特色:以技术推动教师信息化变革,以期真正实现教育公平,培育优质人才,打造终身学习型国家,推动社会发展。

1. 指标体系更为明确

为了适应教育信息化的不断发展,各国针对教师信息素质的具体维度和指标不断进行整合和优化,以提高教师的信息化教学能力。

在美国,教师的信息化能力培养手段得到了全面升级,采用了最先进的技术手段,为所有学习者提供了全面的发展机会,从而有效推动了教育公平,较为全面地满足了国家经济社会发展的双重需求。这种理念体现在教育标准中就是要求每个学生都能获得必要的技能和知识,并通过参与实践提高自身能力水平。从"NETP1996"到"NETP2017",教育价值取向的转变显而易见,已不再反复强调基础设施建设,而是强调以应用技术变革学习、促进教育公平。美国国际教育技术协会(ISTE)从20世纪90年代起推出《美国国家教育技术标准》(NETS)系列,在经历了前三个版本(1993版、1997版、2000版)对教师信息素养的维度和指标进行了不断扩充与完善之后,2008版开始进行整合指标的内容,2017版则升级成7个维度24个具体指标(表5-1)。

表 5-1 ISTE 教师教育技术标准

发布时间	产生背景	指标体系	目标导向	阶段特色
1993	教育信息化成为国家优先发展的战略方向,积极推进基础设施建设、信息资源整合以及师资培训等方面工作开展	13项指标	1. 计算机软硬件操作是教师必须熟练掌握的技能之一; 2. 利用先进的技术资源为教学活动提供有力支持	1. 指导教师运用先进的信息技术手段,以提升教学效果; 2. 缺乏一个系统化的架构和分类体系

(续表)

发布时间	产生背景	指标体系	目标导向	阶段特色
1997	多项国家政策全面支持教育事业发展，技术和资金等方面的扶持至关重要	3个维度18项指标	建立在深刻理解的基础上，熟练运用各种技术手段，以提升教学效率为目标	首次构建了一级技术标准和二级绩效指标的基本架构
2000	硬件目标基本要求得到落实，国际互联网已经渗透98%的公立学校，人机比例高达5：1	6个维度23项指标	确立可操作的规范和绩效衡量标准，以提升教师的技术水平	1. 标准更规范，更合理；2. 范例极大地提升了指导性和操作性，提供了更加深入的指导
2008	随着网络的广泛普及，教学环境和呈现形式发生巨变，教育改革和信息化已成为主流趋势，创新不可或缺	5个维度20项指标	整合数字化工具和资源，以提升学生的学习和创新能力为目标，从而促进他们在未来的学习和发展中取得更大的成就	1. 教师在激发学生创造力和创新能力方面扮演着至关重要的角色；2. 突显数字化学习环境的重要性，同时强调教师之间的协作与分享
2017	2015年发布"美国教育技术规划"，全面重塑技术在教育领域中的作用	7个维度24项指标	教育者应当以学生的发展需求为中心，通过运用先进的技术手段，真正帮助学生成为适应数字时代的合格公民，从而实现他们的理想	1. 突出教育者在教育中角色的变化；2. 关注技术与教学的融合，因人而异制定教学计划

2. 以人为本目标导向

知识内涵的拓展以及知识传递模式的变革，不断促使教师更新自身的知识能力结构，以适应师生之间不断发展变化的信息交流方式和民主型师生关系。在教育信息化进程中，教师信息素养的要求已经从单纯的技术应用向以师生为中心的方向转变，更加强调教师在其中的地位和主体性；加强信息技术的实用性，而非在教育教学中扮演主导角色。同时，由于社会文化环境的变化，传统教师教育标准已经不能完全适应新时期的需要。依旧以美国为例，根据美国国际教育技术协会美国国家教师教育技术标准的发展可得知，在教师信息化能力培养中以学生为中心的特色更加鲜明和突出，教师应当具备包容不同能力水平、特点和背景的学习者的能力，并充分尊重学习者的多样性和个性化，"创新能力核心"逐渐成为对教师的要求①。

再以新加坡 MP4 为例，其针对教师的实施目标是"教师要成为学习经验和环境的设计者"，可明显看出信息技术不再约束教师能力的施展，而是将信息技术作为工具，帮助教师提升整体素质，能够更好地利用创新的教学实践，构建有意义的学习环境，为学生提供高质量的学习体验。2006 年，日本通过"IT 改革新战略"提出建立明确的教师 IT 指导能力评价准则，以推进提升全部教师的 IT 应用能力，这一措施彰显了日本对于教师信息化能力培养的高度重视。

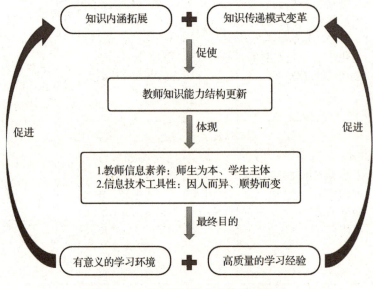

图 5-1 教师知识能力结构更新机制

---

① Iste Standards For Educators [EB/OL]. [2016-08-15]. http://www.iste.org/Content/NavigationMenu/NETS/ForTeachers/2008Standards/NETS_T_Standards_Final.pdf.

3. 政策效果跟踪调研

发达国家在制定下一阶段的教师信息化政策时，对政策效果进行跟踪调查是一项至关重要的措施。以英国和日本为例，通过分析这两个国家教师信息素养的发展状况，发现政策效果跟踪调研在提高信息素养、改善课堂教学和促进学生发展等多方面有着积极意义。根据英国"2008—2011年学校信息技术应用评估"研究结果显示，在ICT整体应用效果方面，有2/3的学校表现优秀或良好，同时学科教学中ICT技术的融合，为学生提供了更加丰富的学习经验。这项追踪调研表明政策效果跟踪调研对于提升教师的信息素养和能力具有显著的效果，同时也为制定下一阶段的政策提供了可靠的依据。[①]

在日本，每年三月，其文部科学省都会展开一项全国性的调查，旨在了解学校教育信息化的现状。随着"教师ICT应用指导力标准"的颁布，一项名为"教师ICT应用指导能力实际情况"的课题每年都会被提及。文部科学省可根据调查结果所揭示的问题制定相应措施以提升教师ICT的能力和水平，同时，学校会依照各级教育委员会制订的培训和进修计划展开相应的培训活动。

图5-2 政策效果跟踪调研作用发挥

(二) 模式选择

教育模式的变革与发展在一定程度上反映着国家的经济文化发展水平和综合国力。为了满足教育数字化和个性化发展的要求，各国提出了全新的教学模式要求，以期促进教育的全面发展：教学模式不再以教师为中心，而是向着以学生为中心的方向转变，传统的单向知识传递方式逐渐被立体化教学方式所替代，ICT则有助于推动教学质量的更大提高。

---

① 马宁，周鹏琴，谢敏漪. 英国基础教育信息化现状与启示[J]. 中国电化教育，2016 (9)：30-37.

在"NETP2005"中，美国政府明确指出技术应用及教学核心必须服务于学生的全面发展，保障其在未来的学习和生活中得到充分支持；"NETP2010"创新地提出"联结性教学"这一全新的教学模式，以满足学生多样化的需求；"NETP2016"则进一步描绘教师角色，强调在教学过程中要确保学生的参与性，将注意力从教学内容转向如何引导学生学习。

在2005年，英国推出了一项名为《利用技术：改变学习及儿童服务》的信息化战略，意在凭借ICT技术实现全面教育信息化变革，包括教师角色的转变以及信息技术和课程的整合等方面的详细阐述。2008年发起的"下一代学习运动"始终坚持以学生为中心，在全过程中明确教学应适应不同环境和年龄阶段的学生；同时强调了基于网络的教与学是促进学生获得更好的知识技能的有效途径。此外，对于未来教师的专业发展和培训等方面，英国也进行了周密的规划和安排。在其2016年发布的《教育部2015—2020战略规划：世界级教育与保健》中，强调了以学生为中心的教育理念，强调了教育应具有卓越品质。

在新加坡和日本的教育信息化战略中，都强调以ICT与教学相融促进学生的全面发展为核心。自MP1开始，新加坡便不断推进完善ICT在教学活动中的应用，教学实践由最初简单的技术整合逐步发展，最终将实现以数据为支撑把握不同学生学习特点、提供个性化学习方式及高品质学习环境。在2006年的"IT改革新战略"中，日本政府计划推广采用易于理解的IT教学方法，从而有效提高学生的信息素养。法国的可信赖校园计划致力于将最新的科技成果应用于教育过程和教育环境，注重提升教师和学生的信息素养培训，以确保每位教师和学生都能获得最优质的教育资源。

总的来看，发达国家在教育信息化建设方面已经进入了新征程，不仅在基础设施建设、数字资源开发、专业队伍培训和技术应用提升等方面取得了显著的成就，而且为教学变革提供了强有力的支持，推动了教学模式的创新。

表5-2 发达国家教学模式变革重点

变革内容	原有重点	更新后重点
授课模式	以教师为中心	以学生为中心
知识传递路径	师生单向传递	联结性教学
目标导向	规模效应	质量效应

(三) 学习资源建构

高等教育信息化的起源可以追溯到信息技术在科学研究中的广泛应用，经过近九十年的不断发展，已经跨越了早期以软件、硬件等基础设施建设为核心的初级阶段，进入了以信息技术为驱动的高等教育系统性、整体性、深层次、全方位变革的全新阶段，致力于综合性的学习型基础设施打造，该设施整合了计算机硬件、数据和网络、信息资源、可互操作的软件、中间的服务设备和工具，不仅可以为信息获取提供支持，还支持与他人的交流，为教师进行信息化教学活动和学生基于信息技术的学习提供了重要的保障。

美国高等教育领域正致力于实现信息化基础设施建设范式的转型，即从孤立的单个单位为主体，以信息技术硬件、软件、信息系统等相分离的方式，各自为政地进行信息化基础设施建设，向大学之间、大学与企业间、大学与政府间的协作和联合转变，以高等教育系统中的现实需求（信息服务）为核心，将硬件、软件、服务、人力资源等融为一体的信息化基础设施建设方式。在此基础上形成了具有鲜明特色的教育信息化发展模式，即"联邦主义"模式和"区域中心式"模式。2005年，美国国家科学基金会（NSF）推出了"赛博基础设施建设"计划，该计划旨在打造一个科教平台，由一系列高速互联网络、先进计算资源、各种应用软件和专业技能构成，同时也是一个庞大的知识网格平台和公共知识服务体系[1]。在这一概念下，学生能够通过互联网获得大量教学资源，包括课程视频资源、在线教学资源库、网络资源、学术资料等。借助此平台，教师得以以全新的方式轻松地获取多样化的教育资源，并获得各类专家的协助，同时还能积极参与各种在线教育活动，进入各种虚拟环境，及时准确地评估学习者的学习情况[2]。

作为全球教育信息化发展的排头兵，新加坡致力于利用ICT推动教师的

---

[1] Broad M C. Realizing the Promise of Cyberinfrastructure [J]. Educaution Review, 2008, 43 (4): 4-5.
[2] Ainsworth S E, Honey M, Johnson W, et al. Cyberinfrastructure for education and learning for the future: a vision and research agenda [R]. Washington, DC: Computing Research Association, 2005: 1.

专业成长，MP4 则从系统的角度出发，全面考虑职前和在职教师的信息技术应用能力培养，并确保培训的连贯性。在实施过程中，注重以学习者为本的设计理念，强调通过实践活动提高学生运用信息技术解决实际问题的技能。此外，新加坡还致力于构建一套完整的 ICT 学习生态系统，该系统不仅包括硬件基础设施，还涵盖了社会文化基础设施，以实现连接。其中，连接的社会文化设施主要由学校与家长组成。ICT 所提供的硬件基础设施为教学活动的顺利开展提供了必要的支持。在此基础上形成的社会文化生态系统能够有效地推动教师的信息素养提高，从而更好地为教学实践服务。实现社会文化生态系统的目标，需要在家校之间展开广泛而深入的合作，以促进各方面的协同发展。法国的"数字化校园"战略还提出了一系列配套项目，其中包括设备与资源建设、教师培训、科技孵化与信息技术创新等，为教师培训配备了大规模在线课程，帮助教师寻找适合的教育资源，并投入大量资金完善落实数字化设备与资源项目。

发达国家高等教育信息化的经验表明：信息技术作为一股跨越时空限制的力量，正在打破学科壁垒和学校围墙，帮助互通学习资源，为高等教育的发展和变革提供了强有力的工具。

图 5-3 发达国家高等教育信息化学习资源构建

(四) 学习效果评估

随着高等教育信息化的蓬勃发展，高等教育活动中信息的生产、采集、存储、管理、传递和应用等方面正在经历一场深刻的变革，信息的公开和共享正在默默地改变政府、高校管理者和师生之间的关系。作为一种新型教育手段，信息技术正逐步渗透到学校的各个方面，对大学的教学模式产生了深刻而广泛的影响。信息技术的运用不仅能够为学生提供全方面、个性化服务，同时也能够极大地满足教师的教学需求，重塑教学过程，给予教师更多的时间和自由，从而提供更具情感和针对性的教学服务。

1. 简化管理任务，营造更优越的专业环境

通过信息技术的快速应用，管理人员可以更高效、更优质、更经济地利用时间，从而解放教师的事务性工作，使其更专注于教育教学活动，并将其关注点转向学生。近年来，人工智能技术已经应用于很多行业。在过去几年里，"机器人课堂"成为许多国家开展教学创新活动的新模式，也引发了人们对于人工智能时代学校组织结构变革的思考。Jill Watson 作为佐治亚理工学院 AI 助教，备受瞩目。他负责帮助该校一年级两个班级开展网络教学活动，并为学生提供个性化辅导服务。作为 Ashok Goel 这位学院计算机与认知科学教授的得力助手，Jill 的日常职责包括回复众多在线课程学生的论坛帖子，并同时处理其他行政事务[①]。

2. 逆向设计思维，探究学生内心世界

从教学设计到学情分析，教学活动的智能化发展提供了全方位的支持。在数字化的时代背景下，课堂教学更加强调智能化和个性化的融合，这对教师提出了更为苛刻的要求。在此形势下，教师不仅要做好课前的准备工作，还要掌握好每一个细节。为了实现教学效果精细化，教师须综合全面了解学生在知识理解、心理健康状态及知识掌握水平等多方的指标，以便在教学设计和实施过程中进行必要的调整。同时，随着互联网技术的发展，教师可以从网络中获取丰富资源，并根据这些信息为学生制定更为有效的教学

---

① Lipko H. Meet Jill Watson: Georgia Tech's first AI teaching assistant [EB/OL] [2016 - 11 - 10]. https://pe.gatech.edu/blog/meet-jill-watson-georgia-techs-first-ai-teaching-assistant.

计划。在过去，教师的初步判断主要依赖于经验，而如今，信息技术则通过大量的学习数据为教师提供了了解未来课堂走向的机会，进而协助他们完成这一过程。

3. 全球网络互通，塑造全球社会公民

信息技术为来自世界各地的学生和教师提供了参与集体作业和学习体验的机遇，增强了全球教室的互联性和可访问性，助力教与学关系转变的同时保障了学习公平。信息技术推动图书馆被动或主动地探寻着新的发展模式，加速了人们寻找信息的方式，帮助高校教师及时学习先进文化资源、先进教学案例，从而提升自身能力，建设终身学习型社会。

在当今信息化社会中，教学信息的获取渠道已经呈现出多元化的趋势，形成了一种以能力为主导的多元化格局。教师作为教学活动过程中最重要的参与者，其信息化教学能力对整个学校的信息化水平有着直接影响和决定性的作用。教师的信息化教学能力已经演变为一种群体性能力，通过网络发挥作用，扩大影响力，为不同学生的信息化学习能力提供服务，从而实现学习资源的公平共享，体现了教育机会均等的理念（图5-4）。

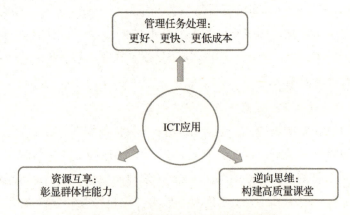

图5-4 高等教育信息化积极作用发挥

三、高校教师信息化教学能力培养的国际启示

（一）构筑良性信息化资源共享环境

教育信息化是对教育体系、模式进行全方位的变革和创新，以适应当

今快速发展的社会需求。随着信息技术飞速发展,教育教学范式不断创新,信息技术与教育教学的深度交融已成为教育发展的必然趋势。数字化教学设备的引入,有利于改变教学方式、解放重复劳动、优化信息存储与展示方式、提供资源与交流平台等。而要想实现信息技术在高等教育教学中预期的积极作用则需要构筑良性信息化资源共享平台,需要加强信息化基础设施建设,辅以软件平台优化建设,为实现真正的资源共享保驾护航。

根据"NETP1996"的战略目标,美国在推进教育信息化的过程中,首要考虑的是建立一个全面的学习基础设施体系,即使到了2010年,美国仍然视基础设施为至关重要的因素,并对其提出了更高层次的要求。学习基础设施是学校实施教学过程中最基础也是最为关键的设施之一,它对促进教与学方式的变革具有不可替代的作用。学生可以在任何时间、任何地点、任何设备接入的情况下,就可以获得学习型基础设施,这为教师开展信息化教学活动和学生基于信息技术的学习提供了不可或缺的支持。

新加坡一直致力于提升基础设施建设水平,以推动信息化发展和消除数字鸿沟,特别注重为信息化教学环境奠定坚实基础,并高度重视课程、数字化教学资源和教师培训等方面的建设和发展。在MP1的实施过程中,新加坡提供了一套完善的基础设施和数字化学习资源,以支持信息技术在教学中的应用,同时也为那些接受过高质量培训的教师提供了一个多元化的平台,例如SOLID学习型组织平台,该平台为教职员工提供了分享管理和运作经验的机会。还有一些学校也建立起自己的虚拟实验室,学生通过该虚拟实验室能够自主地进行研究活动,同时还能得到其他老师的指导与帮助,提高自身能力水平。POLYMALL平台是一个具有跨学科性质的开放式学习平台,为新加坡教育信息化的蓬勃发展打下了坚实的基础。

在日本,学习资源的分布呈现出明显的同质化趋势。此外,相关部门还采取了一系列措施保障教师的教学条件,如提供必要的基础设施等。通过积极实施政府补贴、关注偏远地区、平衡教育资源,日本在软硬件设施方面实现了地区差异和数据鸿沟的基本消除。此外,每个项目所选拔的学校并不完全重复,从而极大地确保了各地区试点的均衡程度。在当前阶段,日本各大高校均设有专门的机构,致力于为教师提供信息化学习资源,使其成为大学不可或缺的重要组成部分①，从而实现了高校教师信息化学习资源的均衡分配。

(二) 制定并动态更新信息化素养标准

在提升教师信息素养的过程中，确立相关信息素养标准是至关重要的一步。明确的教师信息素养标准不仅可以给教师提供参考、提升其自身水平，同时也可以为建立系统的教师信息素养评估体系奠定基础。目前国内外对于信息素养标准的研究多集中于概念界定及评价方法方面，而从不同角度构建教师信息素养标准的文献则相对较少。想要适应信息社会的发展趋势，制定教师信息素养标准时必须全面考虑学生所需的信息素养，以确保教育目标的实现，即人才培养。

21世纪国家人才核心竞争力的提升离不开对学生核心素养的全面培养。在全球经济一体化进程中，各国都将培养学生的核心素质作为重要任务。在2002年，一项名为"21世纪技能框架"的计划在美国推出，其中包含学习创新能力及职业生活技能培养、数字素养塑造。这一概念一经发布，立即受到全世界教育界人士的广泛关注，并成为各国开展教学改革的重要指导思想。在2010年，新加坡提出了"21世纪竞争力"教育目标框架，该框架明确规定了信息化潮流中学生必备的，以提升其综合素质和职业竞争力的知识和技能结构②。在国外针对中小学生应具备的信息素养的研究中，一些学者通过对瑞士学生信息素养的分析和调查，提出了一种名为"学生信息素养7i结构"的理论框架（见图5-5）③。根据研究结果，学生的信息素养涵盖信息需求、信息资源、信息获取及其发现策略、信息评估、信息利用、信息展示、信息处理与反思七个方面。教师可将这些信息素养作为评价指标，并以此来指导教学实践

---

① 杨絮，张海，李哲. 日本大学教师教育（FD）进展及其信息化动向 [J]. 中国信息技术教育，2015（22）：80-82.
② 周晓清，汪晓东，刘鲜，等. 从"技术导向"到"学习导向"——信息技术支持的学与教变革国际发展新动向 [J]. 远程教育杂志，2014（3）：13-22.
③ Seufert S, Scheffler N, Stanoevska-Slabeva K, et al. Teaching information literacy in secondary education: how to design professional development for teachers? [C] //International Workshop on Learning Technology for Education Challenges. Cham: Spring, 2016: 235-249.

活动。为了满足提升学生信息素养的要求,教师需要建立自己的信息素养框架。

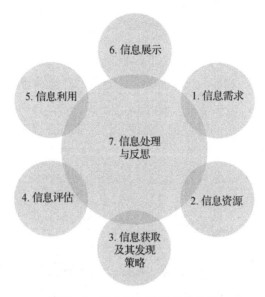

图 5-5　学生信息素养 7i 结构图

在现代教育中,被广泛认可的观点是,以学生为中心的教育教学是必不可少的。教师和学生之间存在着一种互动关系。在这个过程中,教师作为教育者要有相应的素质和能力。教师职业工作与专业发展的方向与任务在于以学生为中心,致力于服务和促进学生的发展。作为人类文化的传承者,教师的信息素养直接决定了教学质量和社会进步的水平。目前我国教师的信息化水平较低,不能适应教育现代化建设的要求。因此,为了满足学生在信息获取和应用方面的需求,教师的信息素养必须与学生的信息素养和发展需求相协调,以确保信息获取和应用的有效性。从某种意义上说,教师的信息素养也是一个学校信息化水平高低的重要标志之一。

在当前的教育教学中广泛存在一种趋势,即"数字移民"的目的是培养那些具备"数字原生代"信息素养的人才。在某种程度上,原有的教师的知识权威地位不复存在,甚至在信息发掘捕获方面较学生处在劣势地位。这种状况使得教师对自己所掌握的教学资源缺乏必要的了解,从而导致了他们与学生之间的沟通障碍,影响着课堂教学效果的提升。在领悟到这种地位之间微妙的变化后,我们需要重新审视师生之间的关系,并从更加民主、平等的角度梳理二者间的交流机制,思考如何充分融合二者的信息素养优势,以满足实际教学需求与学习需要。

(三) 培养贯穿于教师职业生涯全过程

首要任务是在教育理念层面全方位地培养教师的信息素养，以确保他们不会因为片面追求信息化技术而忽视信息意识和信息素养的塑造。其次，应将信息技术纳入整个教育过程中去研究。在2004年至2006年期间，美国学者科勒和米什拉共同提出了"TPACK框架"，该框架以学科知识（CK）、一般教学法知识（PK）和技术知识（TK）为基本构成要素；将三种基本要素进行交叉组合，形成了四种复合要素，分别是学科教学法知识（PCK）、整合技术的学科知识（TCK）、整合技术的教学法知识（TPK）以及整合技术的学科教学知识（TPACK）。7种知识相互交错、相互渗透，它们的结构构成如图2-1所示。

我们可以借鉴"TPACK框架"，将其融入职前阶段的知识学习中，这是一种综合了信息技术知识和学科教学知识的全面知识框架。该理论从"人—技术"视角对信息社会下的教师专业发展提出了新要求，并为其提供了有效工具和方法。基于传统教师知识构成的研究成果，TPACK知识框架巧妙地将信息技术与各类教师所需的知识相互融合，彰显了教师在信息时代所需具备的知识素养。

其次，为确保培训内容的丰富性、形式的多样性以及长期的持续性，必须采取相应的措施，以打破传统的"填鸭式"培训方式，引入更多的实践环节，从而激发不同学科教师之间的灵感和互动，以确保培训的有效性和可持续性。同时，还可加强与企业之间的联系，利用社会力量开展合作学习。在这里，我们可以汲取新加坡的成功之道，加大政府对教育信息化的支持力度。例如，MP2启动了信息技术示范学校项目和未来学校项目，以试点学校的建立为契机，探索教育领域信息技术创新应用模式，并将试点学校的经验成果推广向其他学校，以实现教育信息化协同发展。同时，也要注意到，信息技术是一种工具，它不是万能的，教师是否有意愿参与信息化教学活动同样深刻影响教学效果。基于此，新加坡政府为了激发教师在课堂中运用信息技术的热情，设立了多项奖项和奖励措施，并通过组织一系列教师研讨活动，激励教师间互享成功的信息化教学实践经验，树立信息化教学楷模。

此外，国际教师信息技术培训形式呈现出三个显著特征，一是培训项目目标一致，二是培训需求灵活多样，三是培训方式实现了线上线下的无缝衔接。在国外，教师信息化教育培训已经形成一套完整而有效的模式。在英国的 ICT 培训中，教师们可以根据自身信息技术的能力水平，自主选择所需的相关培训机构，这可以满足不同教师在信息技术培训方面的多样化需求。学校可根据教师的实际情况，自主选择培训内容、路径和方法，包括但不限于面对面、网络在线或校本培训等，以满足不同培训机构的需求。另外，国外一些国家在中小学信息化课程开发方面已经积累了大量经验。在美国的教师教育技术能力培训中，教师的个性和信息技术能力的差异得到了充分考虑，以满足不同的培训需求，同时也彰显了美国教师信息技术能力发展的平等性。同时，教师信息技术能力的提高是一个长期的过程，因此对教师的培养也不能一蹴而就，而应该分阶段进行。为了确保培训的系统性，必须将其贯穿于职前、职中和职后，并持续一段特定的时间。最终，为了让教师在使用智能技术之前更好地了解智能技术在课堂教学或学生管理中的实际应用价值，培训应当充分利用智能技术。

（四）激励政策引领教师信息素养提升

一项事业的繁荣与否，很大程度上取决于政策的制定和实施。从已有文献来看，我国对教师信息素养的相关研究主要集中于基础教育领域，而国外则多侧重于大学教育领域。考虑到国家层面的教育政策在目标引领、宏观调控、规范约束等方面的重要作用，我们必须重视其在推动教师信息素养的形成和发展方面所扮演的角色，但并非所有国家层面的政策都能够达到预期的效果。有研究表明，学校的支持力度不足会导致大量的新教师未能获得相应的学习机会；但过于"臃肿笨重"、缺乏灵活性的培训计划并不满足不同学科专业所需的适用性要求；远程教育培训教师实际面临的技术困难远比决策者所预想的棘手；许多对新晋教育工作者的能力规范和评估机制过于繁琐或缺乏实际效果[1]。

---

[1] Barton R, Haydn T. Trainee teachers' views on what helps them to use information and communication technology effectively in their subject teaching [J]. Journal of Computer Assisted Learning, 2006, 22 (4): 257-272.

因此，建立一个专门的政策框架，以促进教师信息素养的提高，特别是在职前和在职培训中贯通，加强国家宏观政策在教师信息素养标准制定方面的作用，显得尤为重要。作为教师专业发展的重要组成部分，教师信息素养不仅是提升教师队伍能力面临的重要任务，更是推动教育教学改革与信息化、提高教育质量与公平的不可或缺的关键因素。目前我国还没有一套完整且系统的教师信息素养指导方案来引导教师进行自我评价与提升。为了推进国家教育现代化进程，我们需要从更高层次和更广阔的视角出发，制定一份教师信息素养纲领文件，以适应教育信息化框架的要求。

新加坡的成功经验可以为此领域提供有益的借鉴。通过一系列文件及措施，从理论研究到实践操作，形成了一套完整有效的"四位一体"的中小学教师信息素养培育体系。在新加坡 MP1-MP4 四个教育信息化总体规划中，教师信息素养的要求被巧妙地融入其中，形成了一种有机的整体规划，以满足教育信息化的需求，具体到每一个阶段都有相应的政策法规对其进行指导，为新加坡全面提升教师信息素养提供了兼具战略性和纲领性的有力支撑。除上述要求外，还需明确政府有关部门、教育机构（如培训机构）等相关主体在培养教师信息素养方面的职责，以及政府支持发展教师信息素养的经费政策和考核各部门参与的方式和方法等各方责任，以确保信息素养的全面提升。

此外，必须确立一套监测和评估机制，以确保政策的有效实施，为了实现这一目标，必须对其进行定期和不定期的跟踪和调研，保障调研结果的有效性与可靠性，以便及时发现问题，从而为后续政策的制定提供更加全面的依据。以英国为例，随着《ICT 应用于学科教学的教师能力标准》的发布，英国政府立即启动了为期三年的学校信息技术应用评估，并发布了相应的研究报告。日本则依据"教师 ICT 应用指导力标准"每年在全国范围定期考察教师的 ICT 能力，并根据结果采取相应措施。为了提高教师的信息素养，需在国家层面上实施一系列政策，并采用全过程的科学监测、评估，不断反馈政策的实际施行效果，同时开展必要的调整优化，以确保教育质量的不断提高。

(五) 政企联动促进教育科技产业发展

高等教育系统性、整体性、深层次、全方位变革需要强有力的学习资源的构建，这就要求教育科技产业蓬勃发展，从而保障提供满足优质信息海量获取、学习主体畅通交流、趣味性信息化教学活动多种条件的教育科技产品，并传递到师生手中，让教育信息化战略推进落到实处。

以英国为例，其教育科技产业一直处于全球领先地位，为确保开发更多创新产品的渠道，鼓励并扩大产品和服务规模，同时保障教育科技产品的安全性，英国政府通过财政资金支持、教育技术领导小组指导联络以及教育科技市场激活等多种方式大力推动发展教育科技产业。

首先，英国教育部致力于关注教育领袖、教师和学生的需求，以实际需求为导向，与关键的教育科技产业紧密合作，以推动教育科技事业的发展，确保创新教育科技产品应时而生。同时，英国政府在密切合作中了解企业发展的需求以便保障及时提供必要的帮助。此外，对于初创企业而言，尤其是那些以高等教育为发展重心、以创新和技术为主导的企业，英国政府会通过校企合作、提供金融和商业的支持与意见建议、同行学习等多种途径帮助其开发产品，确保其把握发展机遇。

其次，教育转型需要技术发挥关键作用，为企业提供明确的教育技术愿景及产品安全性等硬性要求有利于激发企业活力，创新创造出符合社会发展需要的教育科技产品。为此，除了增加与企业的接触，英国教育部还与特定的领导小组联手，通过在线交流的方式以便达成共识，以更加高效的方式推进政企合作。

再次，为防止市场分化，英国教育部通过向技术创新者明确产品需求确保企业能够及时应对学校采购。同时，英国教育部联合行业专家、教育团体等，以学校为基础，构建了小型的"实验平台"，以期获得实验创新用数据等多角度支持，继而促进教育的潜在发展。

综上，教育科技产业的发展需要政府和企业间的充分联动，除了必要的资金支持，明晰的产业发展方向指导、具有安全性等公共产品属性要求、校企沟通交流的平台搭建同样必不可少。

第六章
智慧教育时代高校教师信息化教学能力的发展路径

习近平给国际教育信息化大会的贺信中写道:"当今世界,科技进步日新月异,互联网、云计算、大数据等现代信息技术深刻改变着人类的思维、生产、生活、学习方式,深刻展示了世界发展的前景。因应信息技术的发展,推动教育变革和创新,构建网络化、数字化、个性化、终身化的教育体系,建设'人人皆学、处处能学、时时可学'的学习型社会,培养大批创新人才,是人类共同面临的重大课题。"它是一种人—机—人,人机协作,人为主,机为辅的信息时代特有的教育方式。中国坚持不懈推进教育信息化,努力以信息化为手段扩大优质教育资源覆盖面。

通过信息技术的应用,可以实现教育资源的高效共享,从而消除教育领域中的不平等现象。信息技术是现代教育技术中的重要组成部分。信息技术作为一种媒介,有效提升了知识传递的效率,打破了地理环境对教育资源分布的限制,实现了优质教育的共享,从而推动了教育的公正。随着信息技术在教育领域中应用越来越广泛,人们对其认识也不断深入,信息技术已经成为推动我国教学改革发展的重要力量之一。信息技术的应用可以提升教育教学的效率和质量,从而为学生提供更加优质的学习体验。信息技术可以帮助学生形成自主学习习惯。信息技术作为一种认知工具,促进了学生的主体性认知投入,从而使教师能够及时了解每个学生的认知情况、学习兴趣和态度,为实现个性化教学提供更为高效的手段和方法。信息技术可以丰富课程资源,拓展课堂教学空间,优化课堂结构,增强教学效果,使教学活动更加丰富多彩。

通过信息技术的应用,可以有效地推动教师专业化水平的提升。在现代社会中,信息技术已成为推动教学改革和创新的主要力量之一,是衡量学校办学水平高低的标准之一。教师专业成长的重要组成部分之一是信息技术,同时,它也为教师提供了一个优越的平台和环境。在学校教育中运用信息技术进行课堂教学活动是实现教师专业化发展的重要途径。通过将技术融入教学内容、环境、途径、手段和方法中,可以推动教师在专业知识、教学技能和职业态度等方面实现系统化的发展。通过信息技术与课程整合,实现教育信息化是当前我国基础教育改革和创新的方向之一。随着信息技术的不断发展,人们已经实现了终身学习的愿望。在信息时代,教育信息化是必然趋势。随着技术的不断进步,学习资源已经渗透到每一个角落,为学习者提供了随时随地的支持;信息技术改变了教育模式和教学模式,也改变了学习方式。将学习融入日常生活中本身就是一种不断学习的过程,并促进终身学习从理念向现实的转化。

一、智慧教育时代高校教师信息化教学能力的发展目标

在我国现代化教育的进程中,教育信息化起着极其重要的作用,教育信息化能够解决我国教育的一部分现有问题,有利于教育改革与创新。教育信息化能够在充分利用现有信息技术的基础上,促进教育资源的共建、共享,能够提高我国的教育质量,推动我国高校培养高素质人才。因此,在国家层面上,积极推进教育信息化建设,对于提升国家的科技创新能力具有极其重要的实际意义。首先,它可以推动教学理念的进步。教育信息化是一次重大的教育改革,在改革的进程中必然会产生很多问题,都是我们要去解决和认识的,而解决和认识的问题,也会对教育理论的发展起到很好的促进作用。教育信息化的进程就是信息科学在教育中持续运用的进程,在这一进程中出现了很多问题,都必须运用信息科学的理论和方法来处理,才能使各方对其有更深层次的理解。实施教育信息化,通过现代信息技术构建的开放式远程教育网络,使得受教育者的学习不再受到时间和空间的限制,从而彻底转变了以学校教育为核心的教育体制,保证了每个公民在教育过程中的平等。同时,这样一个开放性的教育体系,也为学生的终身学习提供了一个良好的保证。在国家层面上,教育信息化提供了大量教育机会给国民,有利于提升我国国民素质。其次,通过对信息技术的应用,提高了学生的创造力。教育信息化是素质教育与创新教育的有机结合。在教育信息化的背景下,学生可以对信息进行搜索、搜集、处理、创造,从而达到对知识进行探究和获取的目的,这对于培养创新型人才有着非常重大的意义。教育信息化的进程就是信

息技术和信息设施在教育领域的普及,在此进程中,一定会对教育信息行业的发展起到巨大的促进作用。在全国范围内,有近60万所学校,拥有超过1亿名的在校学生,在这么多的学校中,全面推行教育信息化,对于我们国家的信息产业,及经济发展来说,都是一个巨大的发展机会。但是,要推动我们的教育信息化,首先要明确我们的教育信息化的发展方向,而高校是为国家提供高质量人才的地方,因此,必须从国家、高校、教师自身三个层面设计教师教育信息化的目标路径。

(一)教师自身在促进教师教育信息化能力方面应达到的目标

1. 信息意识

信息素养的形成与培养是教师自身努力与学校教育共同作用的结果。建立一个系统完整、长效有效的信息技术教育能力培养系统,为高校教师在职业生涯中实现再成长,实现思想的再升华、能力的再提高创造了机会。从观念到信息化技术应用,从信息化环境适应,再到信息化技术创新与研究的系统化培养,高校教师在面对信息化相关的教师专业知识和能力结构时,需要具备全新的课程与教学理解以及实践能力。在这个过程中,信息技术为教师提供了更多机会进行教育教学改革。随着学校课程的数字化和教学环境的数字化,未来的教学将得到更加广泛的媒介和人才的支持,以适应时代的发展和学生的需求,教学和学习的方法将会更加灵活,所以,为了满足将来的发展,教师要增强自主自觉使用信息的意识。首先,要提高教师的自我发展观念。正如埃瑟·戴森所说,因特网就是为有备而来的人们而设的。身为教师,要把互联网技术运用到学习、教学和科研中,不应该只是看看而已。换言之,科技的价值终究在于个人的努力,不然它可能会变成个人无法承受的包袱。如今,信息技术可以为教师们呈现出最好的方法,促使他们对教育方式与方法进行研究,并在他们的社群中形成稳固的联系。然而,唯有当教师们深刻认识到自身的限制和缺陷时,才能孕育出符合教育信息化发展需求的先进教学理念,并激发个人发展的内在动力。因此,要提高整合的效果,教师就需要在整合的过程中以一个研究人员的身份对整合的实践进行反思。反思的实质在于促进理解与实践之间的对话,它是连接二者的桥梁,同时也是理想中的自我和现实中的自我在心灵上的交流。因此,在教学中培养学生的反思能力,可以有效增强学生的自主意识,让他们真正成为课堂主体,不断成长,促进自身的全面发展。在实践过程中，教师应当具备反思的能力，将学习技能和教学技能有机地融合在一起，以达到更高效的教学效果，并在实践中使自己的教学得到持续改进和完善。这样才能使课堂教学不再是单纯地实施教学计划、展示教学内容，而是成为教学计划、展示教学内容的"二次创作"，成为教学过程运行中不可或缺的重要环节。

高校教师是学校信息化建设的重要力量，应该首先抛弃传统的思想观念，跟上数字时代的趋势，深化信息化教学有关理论知识的学习，提升自己对信息化教学的认识，强化自己对促进高校信息化发展的责任感，在高校数字化和信息化的教学与管理工作中，充分发挥自己的作用。

2. 信息修养

在教学过程中，涉及信息和信息技术的使用，必须遵循伦理道德规范，以及诚信、务实、风险和服务的修养，同时还需要教师内在的信息化驱动力量。在新时代，教育要培养出适应现代需要的具有创新精神的人才，就必须注重教师的信息素养，提高其信息教学水平。知识经济社会对社会成员的基本素质和能力提出了更高层次的要求。教师信息素养与信息意识之间存在着密切的联系。教师信息教学情感是构建教师信息教学知识体系和提升教师能力素质的基石，同时也是直接推动教师态度和自信形成的重要因素。教师信息教学能力在一定程度上反映了教师是否具有良好的信息教学素养。只有当教师内心深处充满了对信息化教学能力的渴望和信心，才能真正实现自身能力的全面提升。在信息技术教育迅速发展的今天，信息技术与课程整合成为一种必然，而实现这一过程离不开教师信息教学能力水平的提升。教师在信息社会中的专业发展需要不断提升其信息教学能力，以适应时代的发展需求。教师的成长动力不仅在于直接的自我学习，更在于其能够推动教师的专业发展，从而实现自我提升。教师信息化教学能力是教师通过自己的努力获得的对信息技术课程和教学活动进行组织、管理及指导的知识与技能，以及这些知识与技能的整合方式与方法。

在信息化教学能力的演进过程中，教师的自我学习贯穿于整个学习过程。教师要想成为一名优秀的信息化教学人才，就必须具备良好的信息化教学能力。教师信息化教学能力的培养是一项独立而又终身的任务，需要持续不断地投身于教学实践中。只有当教师对信息化教学能力的发展充满信心和热情，并不断付出努力时，他们才能实现更高层次的提升。

3. 信息能力

教师在教学过程中，不仅需要掌握计算机和网络的基本知识和技能，还需要将信息技术作为一种有力的工具融入课程中，从而不断提升自身的自主学习能力。通过多种方式提高自身的科研能力，提升自己对新技术的驾驭能力。信息化教学的核心在于以信息技术为基础的教学和学习，而非仅仅是简单的教案、教材和各种教学资源的数字化处理。信息技术可以让课堂教学更加生动形象、直观高效。根据美国学生教育技术标准，在信息化教学中，"技术应该像所有可能获得的课堂教具一样，成为课堂的内在组成部分"。这就意味着教师必须学会利用信息技术来提高教学质量并使其更具吸引力。教师应当具备技术应用的能力，同时也需要了解何时以及如何将技术有效地融入学科课程教学，以达到更好的教学效果。随着新课程改革进程的推进，传统的教学方式正在发生根本性的改变。推进教学实践改革的进程将因教学理念的更新而加速。当前，我国基础教育正在经历着一场深刻的变革，课堂教学模式也发生了根本性的变化。教师信息化教学能力在课堂上的实践是教学观念转变的显著体现之一。在整合实践的过程中，必须深入挖掘信息技术的潜力，积极探索经验，不断提升技能水平。因此，在信息时代，作为教师，必须具备信息技术技能，提升信息素养和教学能力，并通过在实际教学场景中的信息教学实践推动个人成长。

为了实现高效的课堂教学，教师应充分利用各种可利用的资源。教师可以对个人学习空间进行设计和开发，让网络智能系统在信息化教学的活动中起到主导作用，让学生可以在任何时间、任何地点、任何地方，都可以自由地进行学习，从而突破学习的局限。教师也可以通过各种有效的网络平台和资源平台，设计出符合课内教材内容的PPT、短视频或者FLASH等来辅助和扩展教学内容。

4. 信息创造

在信息时代，教师需要具备信息技术的应用能力，以促进教学创新和专业的可持续发展，从而成为教育创新的引领者。从教师的角度来看，教师职业的重要内在要求就是探索精神和持续性的学习精神。因此，教师必须将信息技术与教研有效结合起来，在各种创造性的教研活动中，善于运用常见的工具软件（如Word、Excel、PPT等）和各种网络信息服务（如电子邮件等）。在传统的教育观念中，老师是传道授业的主要力量，而学生则是被动接受知识的对象,而且教授的内容大部分都是基于教师自己在以往教学过程中得到的经验,这就使得学生获取知识的渠道和方法受到了限制,因此,要想让学生知识面的广度和深度得到提升,就需要在课下借助其他的方法来补充,比如:通过线上教学平台,组织学生课前预习和课后扩展学习。教师可以运用各种方法提供新的教学素材,让学生可以按照自己的学习需要自主地扩大知识范围。所以,在现实的课堂教学中,教师不能仅仅将课本上的内容和知识简单地告诉学生,而是要对他们的创造力和自我学习的热情给予足够的重视。可以更好地发挥学生的主体性地位,促进他们的学习发展,从而更好地展现出信息化教学的重要作用。

(二) 高校在促进教师信息化教学能力方面应该达到的目标

1. 完善信息化基础设施建设

中国未来教育的大趋势就是教育信息化。除了政策鼓励外,高校还可以通过经济投入更好地开展教育信息化。在一切条件具备的情况下,高校可以加大信息化建设的投入从而进一步加强信息化教学的发展。有的高校自身在信息化教学资源的硬件设备建设上并未符合一定要求,或者硬件设备不能做到普及,导致教师使用录播程序复杂繁琐,所以有的教师不愿意录制相关课程。

在现代教学过程中,记录课堂为教师的教学活动提供了一个专业的数字化记录平台,可以高质量地记录教学活动的全过程,微课教学就是一个典型的例子。以录播教室的方式全面培养人才是响应国家战略的重要体现,越来越多的学校开始在建设计划中增加录播教室。录播系统能够促进系统化、科学化的微课程建设。在微课程制作上,高校可以建立足够多的录播教室,在此基础上,加大录播技术的培训和学习,加强对优质课程录播硬件设施的投资,使得越来越多的教师能够使用录播教室。录播教室的建设无论是在推进优质教育资源共享方面,还是促进教育信息化和公平性方面都具有举足轻重的意义。录播教室配备录播系统和相关的教学资源是十分必要的。录播系统可以直接完整地记录老师在课堂上的教学内容,可以拍摄全景、近景、黑板内容等各种场景,有效减少跟踪拍摄的负担。从录播系统的使用方面来看,高校可以对教师进行必要的指导和培训,使教师使用录播课堂更为便利,这也是提高教师信息化教学能力的一项非常重要的工作。

建设完整的教学资源平台,让信息化教学更加方便地进行,创造出一个良好的信息化教学氛围。同时,还应强化对学校信息技术教育的监管。通过实时且动态地对教学活动和教学效果进行评价,定时地向老师们提供监控评价的结果,可以让老师们能够更加清楚地了解到在信息技术的教育过程中存在的问题,然后再针对存在的问题做出相应的整改与完善,使信息化教学效果得到更进一步提升。

2. 加大信息化素养专项培训

在高校教育培训过程中,类型丰富、形式多样的教师培训是十分必要的,应完善教师培训体系,不断推进教师教育体系建设。在信息化培训方面,学校或校外组织的信息化培训能够在很大程度上影响教师的信息化能力。没有参加过面对面或在线学习培训的教师的信息化教学能力明显要低于参加过培训的教师。高校应根据学校的现实情况,建立充分合理、有针对性、系统完善的信息培训。与此同时,一些高校在信息化教学和培训方面投入不够,培训的深度和广度不够,后期并未进行一些实际操作,导致培训也没有发挥有效的现实作用。此外,在有条件的情况下,建立信息中心也是非常重要的,建立专门的平台可以为教师提供良好的交流环境和有效的技术指导。最后,高校进一步加强监管也是促进教育信息化必不可少的步骤。

在实际的教育工作中,时常因为工作强度等原因,在对教师进行有关技术培训的时候,教师们会产生厌倦和怠慢,这就极大地削弱了教师培训的实际成效,进而使得教师们不能很好地将培训内容运用到自己的教育工作中,阻碍了信息化教学模式的发展。所以,要使教师信息化教学得以高效顺利地实施,教育部门要对其进行相应的信息化指标考核,组织多元化的信息化学习活动,要确保教师对信息化教学的重视,并逐步进行优质课评比,使其展示信息化教学的成效,并进行各类教师技能培训,提供丰富的培训课程,增强教师对信息化教学的认知与思考,突显信息化教学的重要性,保证教师自身的信息化实践能力和水平,最大限度地利用社会公共资源平台。

在培训方式方面,可以与现实相结合,采取线上和线下两种方法,让信息技术的教学培训变得更为方便。加强与国内外有关领域的专家学者的合作与交流,促进信息化教育的发展,从而有效地提升教师的信息化教学水平。

3. 建设高水平信息化教学团队

从信息化教学的发展来看,每位教师的时间和精力都存在有限性特征,所以组建一个团队就显得十分重要。在信息化教学过程中，团队成员要根据各自的特点进行高效的分工合作，充分发挥各自的特长。例如，以微课的发展来看，微课初期常常是由单个教师完成的。近些年来，微课在国家和省级层面的应用都是以课程团队的形式进行的，因此微课团队的建设也就显得越来越重要。信息化教学能力较强的教师可以带领资深教师组建微课教学团队，按照团队中不同成员的优点与特长分工完成微课制作。在推进微课教学的过程中，组建微课教学团队的方式可以提高团队成员的教学、科研水平和信息素养，同时可以让教学内容更加丰富。

实现高质量的教育资源的共享，是实现信息教学改革的重要途径。所以，在提高高校教师的信息教学水平的过程中，需要改变以个人为中心的理念和模式，建立教学团队，让教师可以彼此协同合作，实现优质教学资源的共享，进而提高信息化教学的质量。在建立信息化教学团队之后，教师针对教学资源开发做提前沟通和研讨，这样可以有效地避免教学资源的重复开发，从而可以将教师构建教学平台和开发信息资源的时间大幅缩短，提高信息化教学资源的利用率。同时，高校教育与社会发展紧密相关，不管是传统教学还是信息化教学，都必须跟上时代的步伐，不断进行更新和完善。高校教师应该持续地对这些前沿的科研成果进行深入研究，不断完备自己的理论知识体系，同时，要随时关注目前国内外的发展情况和社会热点问题，在这个过程中尽可能地收集一些对学生有一定教育价值的资料，并运用信息化技术去进行展示和呈现，从而提高教学的趣味性和效果。

4. 强化信息化教学激励

学校应采取一系列激励措施，如激励教师走出去积极参加校级、省级和国家级相关信息化比赛。如果教师在竞赛中获了奖，或取得了好成绩，应给予奖励与鼓励，可以在绩效工资和"评优、评先"上给予一些倾斜。而对于信息化团队建设、课程建设等方面的成绩可给予部分经费奖励或通过表彰等方式进行肯定、鼓励。同时，也要调动教师的积极性，使其能主动申请相关的信息化教学研究项目，进行信息化教学的实证研究，在政策、资金等方面增加对教师的支持力度，使他们在信息化教学中能在教学研诸多方面有很好的互动，从而让教师们在进行信息化教学的过程中发挥出更多的作用。

5. 营造教师信息化教学的有效环境

教师信息化素养的提升离不开良好的信息化教学氛围，而高效的信息化教学环境则是在先进信息技术的支持下为专业的教学活动提供的一系列客观软硬件条件的综合。高校给教师营造有效的信息教学环境是响应教育信息化2.0背景下高校教育教学方法改革的主流，更是提高教师信息化素质的内在要求。首先，要对电脑的硬件设施进行适时的升级和调整，以奠定坚实的物质基础。新时期，我国信息技术得到了迅速发展，所以在这一过程当中，为了紧跟时代发展的步伐，信息化教学设施持续进行相应更新和提升是必要的。其次，学校应构建多功能智能课堂，为教师开展信息化教学奠定硬件基础。要大力建设"智慧教室"，为多媒体技术和学科教育的深度整合营造良好的环境。"智慧教室"是一种新型的教学空间，它帮助教师利用信息技术，以更多样的信息交互形式进行教育，这是一种适应当代大学生个性化学习生活方式与现代教学发展的变革趋势的体现，也是一种适应现代教育发展变化的新的教育环境的体现。"智慧教室"的构建要把满足学生和教师的教学需要和培养学生的创新精神作为主要目的，在确保其规模和质量的前提下，使其得到最大程度的发挥，实现最大效益。此外，高校还应该积极引入信息技术人才，组建一个以技术人才为主，以高校教师为辅的"智囊团"，使高校的信息技术与高校的学科教育更加紧密地结合起来，使教师能够运用先进的信息技术深入开展学科教育，并在此基础上对高校的学科教育提出新的要求。

（三）国家在促进教师教育信息化能力方面应该达到的目标

1. 加大教育信息化政策研究力度

国家应增加高校对教师信息化发展的专项投资，打好教师信息化能力发展的经济基础。对发达国家的教育信息化政策进行了分析，得知我国的教育信息化政策还不是很健全，面临着许多问题，所以，国家除了要增加对信息化的投资外，也要注意对信息化政策进行研究，加强各方面对信息化政策的关注。组织一批专家和学者集中进行政策研究，不断地寻找一条最符合中国国情的中国特色教育信息化发展道路。

2. 完善教育信息化政策制定有序可行

教育信息化政策是国家对今后教育信息化的指导性文件，其制定必须依据国家基本国情且必须符合国家基本国情，但也要充分将政府、企业和社会团体等因素、个人及其他方面的介入纳入考虑范围内，包括充分听取教师、学生两方面的建议与意见，使收集到的观点能够真正转化为公众的观点，减少执行过程中出现冲突的概率，真正维护公众的知情权。

3. 保障教育信息化政策落到实处

我国地大物博，人口众多这一基本国情，直接限制了我国很多政策的切实执行，而有关政策文件的内容条例又不适用于每一个区域的实际情况，所以，各地方政府一定要将国家教育信息化政策文件进行本土化开发、执行并付诸实践，切实解决地方现有信息化发展水平不高、信息化区域发展不够均衡等问题，响应政府的号召，不断完善我国教育信息化的基础设施建设，促进我国教育信息化建设的快速向前发展。

4. 确保教育信息化环境安全有序

加强教育行业网络和信息安全意识的全面提升，同时加大校园宣传力度，以确保教育信息化安全的全面推广。从目前来看，我国高校教师对信息化教学环境建设还存在认识不足、缺乏积极性等问题。要构建完善的教育网络和信息安全工作的组织架构，完善网络安全管理制度，加强网络安全培训，不断强化安全意识，提升从业人员素质，确保信息系统安全可靠运行。加强国家信息安全等级保护制度的贯彻落实，遵循教育行业相关规范，对新建系统进行准确定级和备案，并在系统规划和设计阶段同步确定安全保护等级。在此基础上，按照国家和教育行业相关标准规范的要求进行安全建设和问题整改。健全完善校园网络安全管理体系，加强网络安全基础设施建设，强化校园网等信息系统的安全管理和运行维护，构建全方位立体化安全监控体系，为支撑教育现代化事业的健康持续发展提供坚实支撑。

5. 加大教育信息化平台协同监管

教育平台具备的技术特征和抗风险能力一定程度上能确保信息化教育的稳定性、流畅性和安全性，但是如果疏于监管，还是会给一些不法分子以可乘之机。以国家智慧教育平台为例，该平台覆盖全国大中小学用户，用户规模大，覆盖全时段，因此要求平台具有极高的稳定性。集全国之力建设统一的智慧教育平台，改变了过去平台繁多、技术标准混乱的局面，为平台的稳定性提供了重要保障。然而，云计算、大数据等新技术的教育应用虽推动了教育数据采集、存储、分析等过程的智能升级，但也有可能引发一系列因数据监管不严、数据应用失范而造成的数据、隐私泄露风险。除法律约束与政策规范外，在技术上，系统平台应继续完善去中心化数据存储与处理技术，提高数据储存和处理的安全性能与抗风险能力。国家智慧教育平台具有唯一性和权威性，然而其中有相当一部分的教育资源并未接受严格的知识产权审查，其风险不容小觑，为此，有待进一步建立教育知识产权审查标准和监测机制。

二、智慧教育时代高校教师信息化教学能力的发展模式选择

根据行为主义学习理论，学习的过程可以概括为驱使力的产生，再加之外界激励而最终形成的反应，该反应又会反作用强化驱动因素[①]。教师信息化教学过程可以看作是一种"驱动—响应"的强化循环，教师信息化教学能力的影响因素是多元化的，高校教师信息化教学能力培养是"自我内在驱动"和"外部推动"综合作用的产物。

（一）高校教师信息化教学能力发展的内在驱动模式

内因是事物发展的动力。人类有五种十分强大的内在驱动力，分别是好奇心、激情、使命感、自主性以及掌握感。将这五种内在驱动力应用到高校教师信息化教学能力中，可从兴趣导向、使命导向与目标导向方面对高校教师的信息化教学能力进行培养。

1. 兴趣导向模式

兴趣是实现个体内在驱动的最直接有效的方式之一。随着互联网的发展，高校教师的教学资源越来越丰富多彩，出现很多如大学慕课、雨课堂、微课等新兴的信息化教学方法。各高校可重点关注青年教师的培养，大力提升其信息化教学能力。青年教师的思想前卫、活跃，接受新知识与技能的能力强，对互联网下的智慧教育方法更有兴趣。鼓励青年教师以积极主动的态度，紧跟时代的步伐，主动学习和掌握信息化教学的技能和方法。在教育改革不断深入的今天，我国各高等院校也纷纷开展了教学改革，而高校的师资队伍建设是影响学校整体质量提升的重要因素之一。因此，对于年轻的高校教师，我们应该注重提供更多的学习和深造机会，以便他们能够不断提高自己的教

---

① 骆舒寒，林世员，冯晓英，等. 教师培训助力教师信息化教学能力提升——基于培训成效的年度比较研究［J］. 中国电化教育，2021（6）：128－134.

学能力和职业素养,从而确保教学工作的高效开展。同时,对于新时期我国教育事业改革创新来说,青年教师是推动教学改革的重要力量。作为高校教师队伍的中坚力量,青年教师必须接受全面的培训,以激发他们对自身工作的热情和兴趣,从而积极参与课堂教学,提升教学质量。同时,通过对高校青年教师的教育,可以让他们了解到当前高等教育改革的趋势以及未来的发展趋势。此外,在对年轻教师进行培养的过程中,可以产生一定的辐射效应,从而影响更多教师从他们身上吸取经验和教训,带动更多的学生奋发向上,增强青年教师适应教学岗位的能力,提高他们的教学科研能力,培养出一支更加高质量的高校师资队伍。

2. 使命导向模式

作为高校人民教师,为了更好地适应教育信息化的要求,必须提升自身的信息化教学能力。在多媒体技术与网络技术全面覆盖的教学环境中,教师对新技术应用能力的高低直接影响着学校教育信息化建设的进程。高校教师除了应该掌握精湛的专业知识与课堂组织能力之外,还应该不断地学习全新的教育教学理念与模式,只有在熟练运用现代教育技术的基础上,才能够顺应时代的发展,真正地培养社会所需的人才。以书本为载体,以课堂等为载体持续学习充电,借助在线平台及数字课程提高自身现代教育技术能力并努力创新教学、学习与教研模式,以信息技能提升教学质量、支撑终身学习。但是,在新形势下,人们的生活节奏越来越快,生活需求层次越来越高,所以许多教师都把物质追求摆在首要位置,疏于自我修养的提高,献身教育事业的意识逐渐淡薄。不愿学习新兴的信息化教学模式,更有甚者,甚至对本职工作产生厌恶和逃避心理。所以,需要从人民教师的使命感出发,不断加强自身的修养,驱动高校教师信息化教学能力的提升。

3. 目标导向模式

确立恰当的信息化教学目标是高校教师信息化教学能力发展的内在驱动关键。一是要深层次地提高高校教师对信息化教学的认知意识,熟悉信息化教学所具有的种种优点,而不仅仅限于信息技术这一辅助教学工具,应该将信息化教学与传统教学有机融合,以弥补传统教学模式的不足,并通过信息化手段推动教学模式的创新。二是要注重教学实践和教学反思,加强高校教师信息化教学能力的培养,在教学反思的同时加强自我成长意识的培养和自我发展理念的深化,督促教师开展自主学习,巧用信息化教学的各种技巧,以及应用信息技术革新教学设计与教学方式等，全面提高教师的信息化水平，显著提高信息化教学的能力。

（二）高校教师信息化教学能力发展的外力驱动模式

为了提升教师信息化教学水平，当前多个国家都高度重视外部力量的推动和促进作用。其中，政府通过制定国家政策和规划等方式来引导和规范教师信息化教学行为。1996年至2016年，美国实施了五个阶段的"国家教育技术计划"，旨在推动教师信息化教学；1998年，英国颁布了教师信息技术应用能力培养标准，此后数年间，对21世纪英国教师在信息技术应用方面所需的专业素养、技能、知识和理解能力进行了规定。近年来，我国积极推进网络研修和校本研修的融合培养，以促进教师信息化教学为目标，因此各高校正在积极推进教育信息化建设，为教师提供智慧课堂建设、信息平台搭建和教学类APP设计等方面的支持，并投入资金提升教师的信息教学水平。另外，通过建立"互联网+"课程资源开发系统，构建基于移动终端的在线开放课程以及实施以学生发展为本的混合式教学模式等手段来提升教师信息化教学的综合能力。这些措施深化了教师对于教育信息化的理解，满足了教师自身的学习需求，有效地提升了教师信息化教学的能力水平。在本小节中，提供了四种外力驱动的导向。

1. 技术导向模式

通过搭建网络课程"云平台"，开展信息化技术支撑下的课程，教师可在该平台上上传教学资料、教学课程和教学视频，通过网络课程"云平台"建设，高校教师可以对网络课程"云平台"中的专业化信息进行收集和整理，并通过专业化网络课程拓展知识，丰富教学资源。高校教师通过建立网络课程"云平台"，能够突破地域限制，促进教师专业化群体和个体间的交互，更加便利高校教师的学习。

通过构建开放式的教学研讨平台，全面而深入地运用现代信息技术推进教育信息化语境下的教学，扎根于生态教育情境中，革新教师教育教学模式。教学对于高校教师来说是不可缺少的一环，而教学研讨则是为更好地完成教学任务而开展的，借助网络平台开展开放式教学研讨，使得高校教师能够更好地开展群体合作、取长补短，从而更好地推动教师专业技能的发展。与此同时，以开放式教学研讨为支撑，可创设自由的研讨环境并推动高校教师开展专业教学交流。

通过搭建互动式网络教学平台进行交流互动具有必然性，而有效互动能够提高教师在教课中的积极性，增强学生的学习主动性。通过构建的互动式网络教学平台，教师能够与更多学习者、交流者进行接触，在教学过程中促进自身专业化技能的发展，并在互动反馈中加强对专业化知识重难点的掌握。通过网络教学的交互来实现多方位的交互与沟通，建立资源平台的多样化协作。开放融合可以更好地促进高校教师专业化技能的发展，使技术为课堂服务，而高校教师则在信息技术的帮助下得到不断提高。

2. 培训导向模式

高校教师参与信息化培训是研究并加强信息化教学能力建设的一种主要方式。高校要注重教师培训体系的建设，有关部门要健全相应培训机制。从培训方式来看，为适应信息化教学模式，各高校可采取线上和线下混合的培训模式，有针对性地进行教师信息化培训，适应教师专业化成长需要，充分发挥教师在信息化继续教育中的主观能动性；在培训内容方面要经常更新，以保证和教育信息技术的发展速度相一致；在培训人员上，要建立规范化的教师培训机制，对于达到行业标准要求的培训人员要出具认定证书。定期对高校教师进行信息教学能力培训可以不断更新信息化教学理念，帮助教师开发新型教学资源，促进高校教师信息化教学能力的提高。

教师信息化教学能力的提高有赖于促进教师信息化教学能力的培训。首先，要通过信息技术专题培训来提升教师的信息化理论素养与技能，让教师巧妙地利用现代信息技术进行教学活动；其次要实施信息技术与课程整合实践训练，促进教师合理地把信息技术融入课程教学中去。多主动地为教师创造进行多样化学习的舞台，比如进行线上与线下相结合的个性化研修、协作学习等。多鼓励广大教师按照自己的研究方向、教学专长自愿建立队伍，开展信息技术与外语数字化课程高效整合的研究工作，探讨新技术下教育教学的规律，在大数据技术的帮助下，挖掘出更加丰富、更加高质量的教学改革与科研活动，进而推动教师信息化教学的实施与信息化教学研发能力的提升。经济全球化与信息化背景下，高校教师应善于充分运用现代信息化技术来开发丰富的教学资源以优化学生的信息化能力与质量，增强学生的信息素养等。

3. 环境导向模式

由于高校教师信息化教学能力培养具有系统性、复杂性、综合性的特点，因此配套工作须协同进行，以形成完整的信息化教学能力培养体系。加强高校信息化教学环境的建设能够帮助教师提高信息化教学能力。一是建立一个完整的教学资源平台，既需要丰富的电子资源库，又需要信息化教学必需的硬件设施。学校应在资金、技术等方面对信息化教学给予保证，使高校教师与学生能更加方便地获取信息资源，这样可以促进信息化教学效果的提高。二是注重高校实施信息化教学的人文环境与外部环境。学校领导、业界专家、同事以及学生的理念、态度与实践等因素都将给信息化教学带来一定影响，有关政府部门应积极推动信息化教学制度不断完善，校方应着力构建信息化教学环境，加快线上教学应用软件及资源库开发与利用，为提高教师信息化教学能力的提升创造良好风气。新的信息化教育方式与传统的教育模式相分离，教师应在教学过程中，遵循"学生主体性发展"的原则，这样一个良好的教育教学环境能够使教师的信息化教学思维更加活跃，最大限度地激发出学生的学习主动性和积极性。

4. 政策导向模式

完善有关政策，切实有效地促进高校教师信息化教学能力的培养，提高高校教师信息化教学能力的体系应放在首位。首先，有关部门要尽量健全高校教师信息化教学的法律体系与制度，尽可能清晰教师信息化教学职责任务，赏罚严明并鼓励其发挥主观能动性；其次要建立教师信息化水平能力评估系统，使教师能够对照系统积极主动地找出自身存在的不足并及时地进行查缺补漏；要健全教师信息化教学效果评价与激励机制，要把教师参加信息化教学能力培训与否及信息化教学能力水平高低列入教师定岗、定级及职称评聘等指标体系，督促教师进行自我激励。

三、智慧教育时代高校教师信息化教学能力的发展路径选择

（一）内在驱动模式的发展路径选择

该路径组合主要建立在自我调节的基础上。内在驱动是在需要的基础上产生的一种内部唤醒状态或紧张状态，表现为推动自身活动的进程，以达到满足需要的内部动力，该路径模式主要建立在自我调节的基础上。人类的行为受到环境、行为、个体以及其他多种因素的相互作用，其中最重要的因素

之一就是个体内部推动行为的力量。美国认知教育心理学家奥苏贝尔认为内驱力可以分为三种：认知内驱力、自我提高内驱力和附属内驱力。认知内驱力强调个体渴望理解和掌握知识的一种需求。自我提高内驱力是一种通过自身努力，胜任一项工作，做出一定贡献，取得一些成就，赢得社会地位的需要。附属内驱力是为了获得外界的赞许和认可，表现出来的把学习和工作做好的需要。因此，在教育活动中，自我管理则是自我效能的一种典型体现。教师信息化教学能力的培养也可以通过内在驱动的成长路径，以增强信息化教学意识和终身学习意识、激发信息化教学需求、开展信息化教学实践、强化教育反思能力等手段实现。

1. 增强信息化教学意识，积极主动进行角色转换

在第二章关于信息化教学能力的理论解构中不难发现，信息化教学并不只是借助信息技术来实现辅助教学，而是在信息化教学理念中教师角色定位发生了变化。教师要从知识的传授者向学生的指导者、合作者，教学资源开发的创造者，课堂上的"导演者"，信息化教学中的"实践者"转变。只有在信息化教学实践中伴随着教师的角色转变，他们的信息化教学能力才有可能获得真正提高。教师的自我追求是教师自我成长的关键要素。如果教师对自己的教学能力有精益求精的追求，一直保持着对信息化教学的激情，愿意并擅长在实践教学中运用信息技术，他们的教学效果会得到极大提升，并让学生获益。信息化教学强调把学生作为学习的主体，使学生在"做中学"，因此，教师在教学中既要做到"做中教"，又要做到"做中思"。通过分析教育过程当中所存在的一些问题，并且第一时间针对教育过程当中存在的一些问题做出相应的处理，让自己的教育经验变得更加丰富与充实，最终达到实践—反思—实践的螺旋式发展，以不断提高自己的教学能力。

2. 树立终身学习的意识，积极主动探索信息化教学

终身学习是高校教师提升信息化教学能力的内在驱动力，也是高校教师最重要的品质之一。高校教师应该积极地去学习，去探究新技术在今后的教育中更多地运用，去大胆地尝试新事物，让自己能够持续地成长和进步。教师信息化教学能力与终身学习有着密不可分的关系，教师只有建立起终身学习的意识，才能够在教学实践过程中独立地学习新知识和新技能。教师要结合自身特点及学科背景制定出符合信息化教学的学习计划及目标，如教学设计、知识点分割、视频制作与资源整合等，逐步提高自己的能力。有一定信

息化教学能力的教师要在实际教学中发现问题并记录在案，对自己能力较弱的部分自主筛选学习资源并强化理论与实践。

在理论学习方面，高校教师要持续地学习并更新自己的专业学术知识，与学科前沿保持同步，不断地提高自己的专业知识水平，同时也要持续地学习与教育学、心理学以及教育技术有关的理论，为自己的职业发展奠定扎实的理论基础。在理论研究中，还包含了对5G等新技术的理解和认识。对于高校教师来说，对前沿技术的研究是一门必不可少的课程，在对5G、大数据、云计算、人工智能、区块链等前沿技术有一个初步的认知和理解后，就可以将其与教学融合在一起，并将其运用到教学和研究中去。

在实践学习方面，在教学研究中，高校教师也可以进行各种信息化教学实践，提高自己的教学水平。比如，在平时的课堂教学过程中，对慕课、翻转课堂、混合式教学等各种教学方式进行尝试，利用超星泛雅、蓝墨、雨课堂等智能教学平台，积极参与到国家级、省级、校级教学资源建设当中。要积极参加ICT校企合作项目、虚拟仿真项目，建设智慧实验室，参加"全球未来教育设计大赛""中国VR/AR/MR创作大赛""全国多媒体教育软件大奖赛"等不同层次的信息化教学竞赛。"纸上得来终觉浅，绝知此事要躬行"。学生也要在实践中不断深化自己对信息技术的认识，并提高自己应用信息技术的能力。学生还可以利用各种与信息技术有关的竞赛，来激发高校教师内心的荣誉感，进而使教师们积极主动地由内驱动自身信息化教研能力的提升。

3. 激发信息化教学需求，发掘内在学习动力

社会信息化为高校教学信息化提供了很好的外部环境和发展动力，从社会信息化到高校教学信息化，需要学校完成外在动力到内在动力的转变。如何激发学校内在信息化教学需要，找到内在发展动力成为促进教师信息化教学能力发展至关重要的第一步。教师应积极主动了解本学科领域信息化教学的潜在需要，将对信息化教学的认识从社会领域逐步转移到自己的专业领域，从自身需要出发，积极探索信息化手段在教学中的重要作用。在大数据的背景下，教师是信息化教学的组织者和带头人，而优秀的教育工作者则是高校最宝贵的教育资源，这就对高校的老师提出了更高的要求，他们不仅要具有高效的信息技术素养，而且要具有挖掘和分析数据的能力。同时，老师也要有敏锐的洞察力，以提升自己的信息推理技巧，以及整合知识的能力。在教

学中，应具备对条件性知识、本体性知识、实践性知识等知识的储备能力。

4. 转换教学设计范式，积极开展信息化教学实践

作为教学人员核心专业技术之一的教学设计技术，通过"分析—战略—评估"三个步骤，为确保教学目标和手段的一致性提供了必要的技术支持。在信息化时代，教学设计技术对课堂教学变革具有重要作用。过去，传统的教学设计实践常常依赖于教师的教学经验和价值判断，以实现对学习者特征和教学内容的深入解析。在此过程中，由于缺少对学习情境及其相关要素科学有效的认知分析以及相应的策略指导，使得教学活动难以形成共识，无法达到预期效果。这类教学设计实践常常呈现出明显的个体经验性，缺乏教育心理学的理论基础和直观数据支持，从而难以清晰地观察到学生在教学过程中发生的实质性变化。在智慧教育的背景下，智能传感器通过采集学生海量学习数据，并运用多种人工智能算法对系统进行数据分析和处理，最终生成了一张学习者的可视化画像和群体分级推荐等相关信息；同时借助网络技术将分析结果反馈至系统后台，实现对课堂内外的实时监控与调整。根据学生的个性特征和能力基础，自动构建个性化的知识图谱，并为教师和学习者提供量身定制的教学路径。因此，智慧教育环境是对传统教学模式进行改革创新的一种有益尝试。

5. 强化教育反思能力，积极促进实现自主学习

马克思·韦伯，一位杰出的社会学家，将人类的理性分为两类：一类是基于工具的理性，另一类则是基于价值的理性。在信息化时代，教学设计技术对课堂教学变革具有重要作用。工具理性被视为一种关注现实效益并致力于技术应用的理性，相应地，价值理性也关注于人类生命的意义和精神存在。教育作为一项社会活动，其目的就是培养受教育者成为社会所需要的具有健全个性的合格公民。在教育实践中，工具理性和价值理性辩证统一。因此，需要实现二者的平衡。在智慧教育领域，教师需要在工具理性和价值理性之间找到一种平衡，充分认识到涉及学生生命意义和精神存在的价值理性问题，成为推动学生身心全面和谐发展的引领者。教师应当反思智能技术在教学过程中的运用是否偏离了教育的本质，反思是否能够以理性的方式关注学生的价值，并培养他们具备"以人为本"的品质。此外，教师还要反思自己作为教育者与受教育者之间的角色分工，明确自身所肩负的责任，从而使自己成为一个有道德且能担当起育人重任的人。最终，教师必须通过不断的实践活

动来验证其反思成果的合理性,以避免在理性反思中出现偏见和粗鄙之处,最终实现专业成长的目标。

(二) 外力驱动模式的发展路径选择

外力驱动是社会环境的影响,当学习者获得社会环境或活动的满足时,他们会与学习环境相互作用,从而形成一种建设性的互动,最终产生高品质的投入。从社会学角度看,教育改革的过程就是不断地对现有条件进行整合并创造新条件的过程,即"自上而下"式的路径依赖模式被打破、个体主动探索创新的意识得以觉醒,这条路径呈现出一种由外部力量驱动的向上攀升的形态。因此,在教育活动中,外部环境的激励措施,如:明确教师信息化教学能力结构体系、建立信息化教学设计能力提升系统、搭建信息化教学整合能力提升平台、创建信息化教学能力发展性环境、完善信息化教学能力考评激励制度等措施,能有效深化教师对于教育信息化的理解,满足教师自身的学习需要,激发教师们不断进行教学反思,丰富课堂内容,积极参与各种培训活动,进而有效地提升教师信息化教学的能力水平。

1. 明确教师信息化教学能力结构体系

党的二十大报告提出,推进教育数字化,建设全民终身学习的学习型社会、学习型大国。教师具备良好的信息化应用能力,是推动教育数字化发展的前提和关键。信息时代的教育不同于以课堂讲授为主的常规教育,教学和学习都呈现出新的规律和特征。它不仅对学习环境和学习者提出了新的要求,而且对传统教师的能力结构也提出了挑战,需要具有新的能力素质的教师来保证教育目标的实现。因此,教师能力结构的变化是信息时代教育发展的必然需要。为了顺利地适应角色的转变的,成功地扮演好各种新角色,高校必须进一步明确信息时代教师必须具备的能力结构体系。教师的能力结构应该既具有相对稳定性,也应该具有顺应社会发展的动态性。结合 TPACK 框架,智慧教育时代高校教师信息化教学能力的能力结构要素应包括:信息化教学设计能力、信息化教学实施能力、信息化教学整合能力、信息化教学评价能力、信息化教学研究能力五个方面的结构体系。

2. 建立信息化教学设计能力提升系统

构建多元化的高校教师信息化教学设计能力提升系统,可以有效地促进高校教师教育信息化能力的学习和提升的机会,助力高校教师教学设计能力的不断更新，提高信息化素养和水平。高校应强化顶层设计，构建提升教师信息教学设计能力的提升系统。开展多层次的教师教学设计能力培训活动，培训活动是指针对高校教师教学信息化设计能力的具体内容和项目进行的有组织有计划的学习和训练过程，涵盖基础性、专业性、前沿性等多个方面，满足不同层次、不同专业、不同需要的高校教师。同时，形成多主体的教学设计能力培训模式。突破传统的单向灌输式或单一授课式，形成多主体参与协作式或多元互动式，充分发挥政府部门、行业组织、专家学者、教育机构、教师团体、教师个人的作用和优势，实现资源共享、经验交流、知识创新、能力提升的目标。

3. 搭建信息化教学整合能力提升平台

平台可从课前、课中、课后三个方面开发建设。课前主要由教研室组织，采用教研室集体备课等方式对信息化教学工具运用进行讨论。课上以教学系部为主，对系部信息化教学进行观摩和探讨。课下以校为主，开展校内信息化教学比赛观摩活动。采用分层次、有针对性地建设信息化平台等措施，提升教师信息化教学能力。现代化教育过程中，录播教室给教师提供了专用数字化平台，能够将教师的教学活动全方位地、完整地记录下来，让教师可以从课前、课中、课后三个角度，对课堂上的授课内容和形式进行持续改进。通过录制课堂来实现符合国家要求人才的全面培养，已经有越来越多的院校把录制课堂纳入了校园规划建设中。专题化、系统化微课建设依靠录播系统。在微课制作方面，各院校可建立合适的录播教室，加大录播教学的培训和调研力度，加大优质课程录制硬件的投入，尽可能为更多教师服务。录播教室的构建对教育信息化、教育公平和助力优质教育资源共享具有重要意义。

4. 创建信息化教学能力发展性环境

根据可持续发展与动态调整相结合的教学思路，学校应营造信息化教学的良好环境。为信息化提供软硬件支持。学校有必要建设校园有线或者无线网络，建设信息化教学所必需的智慧教室，装备数字化教学实训平台和必要的教学资源库，为各学科、专业信息化教学提供支撑。对优势学科采用信息化手段开发优质教学资源，使学校内部形成信息化教学良好环境和良好氛围。

一方面，要实现多主体协同，高校信息化基础环境建设仅靠高校自身的力量是难以实现的，必须借助社会多方的力量来实现。在5G教育背景下，如何构建基于人工智能、大数据和云计算的教学信息系统是一个非常关键的环节。要实现这一目标，必须全社会共同努力，提供大力支持，并且要注意信息化和教育的深度结合。在此基础上，管理部门要给予相关的政策引导，加大资金的投入力度，并制定技术规范和标准。高校和企业之间合作可以提供更多的教育应用服务，使高校教师能够更多地了解到新兴技术，并利用这些信息技术进行更加丰富的教学活动，从而提高他们的信息化教学水平。

另一方面，良好的信息化教学环境是需要资金保障的，大学信息教育环境也需要越来越跟随时代潮流。最近几年，许多大学都在不断地加大对教育资源的开发力度，并且适度建立了一些智慧教室，以互动型和研讨型为主。然而，因为信息化基础设施的投入较大，所以，高校必须对信息化基础设施建设给予足够的资金支持，并对其进行合理的资金预算。

5. 完善信息化教学能力考评激励制度

除了推进信息化硬件基础设施建设外，高校还需进一步完善与信息化教研相关的一系列考核激励机制，以形成相互促进的外部合力，从而推动高校教师不断提升自身能力水平，让他们在信息化教学方面得到更好的发展。例如，要对教师展开信息化教学改革，要申报制作国家级、省级、校级精品资源共享课，并在资金上予以扶持。建立一个科学的考核机制，可以帮助高校教师提高自己的信息化教学能力。学校应将信息化教学能力作为教师考核的重要依据。通过建立评价标准对教师教学能力进行有效评估，在年度绩效评估、职级评定、专业职称评估、优先级评估等方面融入信息教学有效性评价。另外，学校信息化教学竞赛、微型课堂竞赛以及网络空间建设评估也可以经常开展，作为评价教师教学能力的一个重要标准。

四、智慧教育时代高校教师信息化教学能力的发展机制构建

（一）资源共享机制

1. 高校内部及高校间资源共享机制

高校作为一个集合体，同属于一所高校的归属感和亲近感使得高校内部资源共享更加容易实现。高校内部的资源共享可以依托于其内部系统并建立相应的资源管理部门实现。校内资源共享的关键在于资源的分类，这需要管理资源的相关部门做好前期准备工作，对庞杂的数据进行科学、有效分类。

资源具体可以分为网络公开免费资源、学校购买的校内共享资源以及教师个人收集或制作的资源。

首先，对于网络公开免费资源，资源管理部门的主要职责在于识别与推荐。过于庞杂的网络资源涵盖方方面面的内容，质量也良莠不齐，这就需要有专业人员进行鉴别并对资源做出简单介绍以达到推荐的导向作用。其次，对于学校购买的校内共享资源，则可以上传至学校信息平台，通过身份识别选择性为校内人员提供共享服务。最后，对于教师个人收集或制作的资源，则应当建立校内人员与资源所有者的联系渠道，为私下协商资源共享提供可能。

高校间的资源共享与高校内部的资源共享机制总体一致，但在细节上存在些许差异。首先，对于网络公开免费资源，同样也以识别和推荐为主。而且高校之间可以联协分工，这样就可以在缓解工作量的同时，以更为专业的技能提升效率。其次，对于学校购买的校内共享资源，可以联合建立互助平台，通过资源共享实现资源的互补。最后，对于教师个人收集或制作的资源，可以通过举办高校间优秀教师的经验分享实现可共享资源推广与应用。

2. 高校与政府间的资源共享机制

政府与高校间的资源共享存在两种机制。第一种机制是政府与高校间资源的直接共享。政府需要推动信息化教学的发展，但缺乏专业的培训体系；而高校需要拥有较为健全的信息化教学能力培训资源，但缺乏足够的资金预算开展进一步研究、探索。因而，政府通过出资聘请高校团队进行培训体系设计、研究报告撰写等外包形式，既推动了现有成果的共享共建，也为后续研究提供保障。第二种机制是政府为促进教育公平，但出于高校之间固有资源的差异而在其中扮演桥梁的角色。除上述通过形成公开报告的方式进行先进经验分享外，政府还应当对资源落后的高校进行帮扶。通过建立"先进高校—政府—落后高校"资源共享渠道，实现信息化教学先进高校对较为落后高校的针对性指导。在此基础上，政府应该创新财政管理理念，改革资金的分配方式，使得财政对地方资源与高校运作的效率得以提升；其次，高校和政府部门可以采取一系列的举措，如搭建共享平台，创新管理制度，加强高校和政府部门的合作，提升资源使用效率。

3. 高校与社会间的资源共享机制

高校与社会资源共享机制的建立实则是互促互助的过程。高校通过理论研究提出可行的信息化教学能力培训方案，社会充分发挥市场竞争机制的优势将培训方式转变为实践。换言之，社会机构从高校的研究中获取理论资源，为信息化教学能力培训业务的开设寻求可行性理论支撑。高校则从社会机构的应用中获取实践资源。一方面，社会机构的实践能够检验高校研究的科学性、有效性，并通过实践反馈机制中的不足，为后续的完善提供思路；另一方面社会机构也能根据实际情况进行适当调整，然后运用到高教教师培养中来，以帮助更多的教师提高信息化教学能力。在机制上，一是，高校之间的公共资源共享，二是，高校向经济和社会敞开大门，推进教育公益化，进而推进经济和社会的整体发展。高校具备了先进的教育设施和智力资源，可以利用自身的优势将教育资源实现公益化。例如，与当地共享学校的图书馆、博物馆、科技馆、艺术中心等。聚焦经济社会中的重点和热点问题，为当地提供一个高质量和高水平的咨询平台，带动当地的创新和创业。另外，还可以进行学校与企业之间的合作，在当地的经济与社会发展过程中，高校起着举足轻重的作用。各地政府应该对应用型高校的教学资源进行全面整合和优化，并以开放、共享的原则为基础，促进教育资源的公平分配，将高校里好的教学氛围和奋发向上的精神最大程度地发挥出来，从而创造更大的社会效益。

（二）师生互动机制

1. 师生课前互动机制

师生的课前互动其本质在于让学生对所要学习的内容有一个初步的了解，从而在正式授课时能够有序顺利地推进。这种互动形式在信息化教学的背景下，便捷程度大幅提升。在信息化时代，重大事件的传播速度呈几何倍数提升，大量新闻事件涌入师生的日常生活。这既为课前互动提供了机遇，也对教师信息化能力提出了挑战。作为机遇，大量事件的发生成为教师寻找合适案例的来源，通过周边发生的事件吸引学生的注意，提高学生的兴趣，从而动员学生做好课前预习工作。作为挑战，一方面教师需要完善自身的信息收集能力，甄别出与学科课程相关的案例；另一方面教师需要不断更新案例，以保证案例与学生的兴趣点相符。

在课前，教师能够依据课堂教学的现状对课堂教学中的"学习产出"进行预估，从而建立起课堂教学中学生对课堂教学的整体期望。在网上，教师会安排一些课前的自修与研讨（例如，利用慕课或超星学习通等学习平台，安排一些自测题目），然后在课前进行批改，对学生的知识要点掌握情况进行总结，并对学生的学习状况进行统计，从而知道学生的学习进展，从而更好地帮助学生解决问题，提升课堂学习的效率。对于学生来说，既要做好预习，又要对较难的知识点提问。课前，学生可以展开自我学习和合作学习，培养主动思考、主动学习的思维方式，进而极大地提高知识获取效率。这就是"以学生为中心"的教育理念。

2. 师生课中互动机制

传统的教学方式更加注重教师对知识的传授过程，在课堂上，教师处于主体地位。目前，大多数的教学还沿用着老师强硬传递知识的教学模式，这种教学方式会带来无聊的体验。在课堂上，老师只注重自身所拥有的权力和权威，而忽视了学生所能接收到的知识量。另外，有些教师在运用多媒体课件进行教学时，缺少对创造性教学方式的思考，只不过是传统方式的又一种延续，很难激发学生的学习兴趣，使他们对课程的学习产生抵抗，从而影响到教学的效果，制约着教学水平的提高。

课中是课程教学的核心过程，是学生作为授课群体对课程做出评价的主要依据，而师生互动过程也将直接关乎实际效果。所谓课中互动，即让学生参与进课程教学中，包括教师的授课、学生间的探讨。在教师对学生进行授课时，需要运用信息化工具，采用丰富的形式对专业知识进行教授。在学生与学生的讨论中，可以采用分组汇报、实时弹幕、互动游戏等形式激发学生的参与兴趣。而在此过程中，教师应该利用信息化平台或工具对学生的讨论进行与学习相关的引导，如通过对学习平台参与时长的考核，避免小组汇报中"搭便车"现象的出现。

课中，教师可利用软件或平台。学生通过"展示—讲解—提问—后测"四个步骤完成对知识的内化和吸收。首先，对学生抽查并请他们进行演示，演示之前所学的知识内容，以推进他们的学习进度，并验证他们的学习成果。其次，学生完成了预习任务，知道了自己所欠缺的知识，因此，他们听课时的注意力会更加集中。同时，教师也可以通过统计数据来预先了解学生们的知识水平，以便更好地进行授课。教师可以使用翻转课堂等多种教学方式，来让学生们多学、多思考、多提问。然后，学生就课前任务和教学环节提出问题，教师解决问题。最后，在课后测试中查缺补漏，使同学们对这节课所学的内容有一个新的认识，并进行课后研究。多种任务驱动方式能使学生课前自主预习，课中主要由学生演示、教师讲评答疑来促进学生学习积极性，从而提升学生的学习热情，提升他们的课堂参与程度，让他们对知识点的了解更加深刻。

3. 师生课后互动机制

课后的互动更多表现为学生向教师的反馈。这种反馈一是学生将自身学习情况通过作业等形式向教师展示；二是学生基于自身的听课体验对教师的教学方式、教学内容、教学速度等提出意见，从而为教师后续课程的教授提供调整方向。信息化教学使得教师可以通过网络平台进行作业布置，限定截止日期能够起到督促学生的作用。其次是学生根据自己听课的体验对教师的教学方式、教学内容和教学速度提出建议，为教师以后的课程教授提供一个调整方向。同时，教师也能通过网络平台及时将批改意见传达给学生，给学生答疑解惑。此外，面对面的情况下大多数学生难以对教师提出实质性意见，而网络平台的匿名反馈系统可以帮助学生更好地表达自身感受。

首先，基于课中测试的成绩，教师更加有目标地向同学们提出更多的课外作业或者讨论主题，并让同学们通过自主的学习和协作，在课上课下都能学到更多的东西。其次，考虑到课堂上的时间是有限的，在"互联网＋高等教育"的背景下，可以将课程的内容纳入学校的网络教育系统中去，并尝试实现智能化和个性化教育。再者，为了学生实践能力的提高，在教学过程中可以采用考核奖励的方法，让学生参与到多种形式的教学中去。例如通过"全国大学生知识竞赛"，教师可以更好地与学生们进行沟通，以激发学生的兴趣，提升学生的技能水平，以比赛促学习，最终学以致用。除课后访谈外，通过邮箱及微信、微信群等与学生沟通是辅导交流的主要方式。另外，网络综合教学平台慕课与超星学习通平台的点评区域也可以进行沟通。

（三）教学培训机制

1. 教学培训内容的确定

教学培训是提升教师信息化能力的有效途径，通过一系列技能的传授以帮助教师更好地将信息化工具运用于教学中。但是，不论是从学校、学院或是从教师个人，其自身具备的信息化能力都各不相同，对于信息化能力的培训需求也不同。因此，在培训前期确定培训目标、培训需求，进而制定针对性的培训内容显得尤为重要。了解培训需求的途径众多，包括问卷调查、一对一访谈、学生评价等。此外，信息化教学内容的设定，不仅仅需要包含有关信息化的理论知识，更应该涉及如何将信息化理论运用于实际课堂的技术、已经初具成效的信息化教学工具等。

2. 教学培训形式的选择

在确定培训内容的基础上，可以对具有同样培训需求、内容的教师进行分组，并依据培训组别的特点选择适合的方式进行培训。如对于在观念上尚未接受信息化教学的教师，其培训方式可以通过让其先作为授课对象体验信息化教学，再让其作为授课者体验信息化教学，从两个视角让其感受信息化教学的优越性。也可以将具有不同需求的教师分至同一组，通过组间互助，实现教师信息化教学能力的提升。如在操作上存在困难的教师与在教学经验上有所欠缺的教师可以互帮互助，彼此学习对方的长处以实现双赢。

3. 教学培训效果的反馈

教学培训效果的反馈包括两方面内容。首先是教师自身培训情况的反馈。正如前文所述，教师在参与培训前，针对不同教师，其培训需求是不同的。虽说培训机构会基于此对培训内容进行设计，但现实中很难做到培训需求与培训内容完全一致。那么，教师能通过培训提升多少信息化教学能力、满足多少信息化教学培训需求，是有待进行测度的。同时，这种测度也应该包括信息化教学能力的运用。其次，是受培训的教师对于培训过程的反馈。如同师生互动中，学生反馈是必不可少的一环。信息化教学的过程中，教师作为培训对象，也应该及时与培训者沟通，在表达自身需求意愿的同时，也帮助培训者完善培训机制。

(四) 学科协同机制

1. 同学科的跨机构协同

同学科的教师对信息化能力提升的培训具有一定的趋同性，而同学科的跨机构协同能够促进专业领域的资源整合，形成具有专业特色的培训体系与信息化教学方式。因而同学科的跨机构协同更多表现为具备专业特色的信息化教学经验的交流。此外，具有相同学科的知识储备，可能在授课内容、教学方式或者工具的选择、信息化应用等方面存在共性难点，使得同学科的跨机构交流、协同的门槛更低。对于这些难点，各机构探索重点不同、探索进程不同，这就为优势互补提供了可能。机构之间学习彼此所长、补自身所短，实现专业领域信息化教学能力的化零为整。在现实中，可以由专业领域的协会协同高校举办经验分享会、教学比赛等，政府则予以一定的资金支持。

2. 同机构的跨学科协同

智慧教育时代，教师信息化能力的培养注定不是单一学科的培训便足够的。虽然同学科的协同能够彰显专业特色，更便于信息化技术应用于专业领域的教学中。但就学科构成来说，信息化教学是教育学、计算机科学以及专业学科的多学科复合体，因而同学科的协同需要以跨学科的协同为基础。简单来说，跨学科的协同机制如下。首先，教师结合自身专业领域的授课特点，对自身信息化能力的提升目标进行总结，并转变为具有明确指向的需求。其次，教学相关研究部门根据教师信息化教学能力提高的需要，确定后续培训内容或教学软件框架并与教师进行核实，在此基础上将其系统化转变形成可行方案。再次，培训部门或自行组织，或聘请机构对培训方案进行落实。计算机科学部门则负责将教学工具方案落实。最后，跨学科部门之间对落实难点、不足之处进行讨论协商，从而达成满意的结果。

（五）组织保障机制

1. 制度与基础设施保障

提高教师的信息技术水平，需要有良好的组织体系和硬件条件。制度可以为培养信息化教学创新素养提供一个相对明确的标准支持，可以促使教师强化自身对信息化教学创新素养的培育。也就是说健全的制度能够保证创新素养的培养在更为有利的条件下顺利地进行。在制度方面，高校首先需要制定鼓励教师应用、探索信息化教学的章程，激发教师对于信息化教学的积极性，削弱其对于信息化教学的抵触心理，避免教学中的路径依赖；高校还需要制定有关定期培训教师信息化能力的章程，既能避免教师想提升而无处培训的状况，也能避免培训如期举办但无教师参加的情况。由于高校教师信息化教学能力发展具有系统性、长期性、复杂性和综合性等特点，所以为了构建一个完善的信息化教育培训体系，需要各种辅助工作协同推进。信息化软件和硬件都是信息化建设的关键环节。在基础设备方面，高校首先需要保证培训所用设施的多样性，因为高校之间本身具有较大差异性，难以保证引进的设施、方案一定适用，这就需要在培训期间拓宽信息化教学设施的适用范围。此外，在找到适用的基础设施后，高校也需要大量引进设施以保证教师日常教学的正常使用。

2. 培训流程运作保障

正如前文所述，培训是提升教师信息化最为直接、有效的方法，因而组织需要对其稳定运作加以保障。这种保障首先体现为资金保障。任何培训离不开资金支持，无论是聘请专业的培训团队，还是购买培训所需要的设施设备。这种保障还体现为制度保障。前文已加以阐述，故不再展开。这种保障也体现为应用保障。对于教师信息化能力的培训不能仅停留于为了培训而培训，更重要的是教师将培训获得的能力投入实际教学的应用中，此时才能算作培训工作的完成。上述保障的实现最终呈现为一种再生保障。高校为适应信息时代的教学特点与趋势，对教师采取信息化教学能力培养等系列举措。经过培训之后，高校教师信息化教学能力也得到了提高，高校因此树立更好的教学形象与公信力，因而可以通过更多渠道获取教学资源。在获取教学资源后，高校再将部分资源重新投入教师信息化能力的提升中，从而形成一种良性循环，实现培训运行机制的循环保障。对于高校来说，建立一个培训平台，强化对教师的后援支持，是信息化教学中提升教师创新能力的重要手段。首先，要为教师在信息化教学的创新素养培养搭建一个专业化的平台。也就是说，要借助这一特殊的平台进行专门的培训，给教师一个专门的培训基地，以完成信息化教学创新素养培训。其次，要健全信息化教学的创新素养培养平台。既要为平台配备专业的装备，又要为其配备专业的训练队伍，同时要为其配备充足的培训资源，加大对其的宣传力度，从而提升平台的地位和影响力，使其更好地发挥作用。

参考文献

[1] 霍力岩. 教育的转型与教师角色的转换 [J]. 教育研究, 2001, 22 (3): 70-71.

[2] 柯森. 论信息时代教师角色的转变及师范教育的发展趋势 [J]. 教育研究, 1997, (6): 74-76.

[3] 宋广文, 苗洪霞. 网络时代教师角色的转换 [J]. 教育研究, 2001, 22 (8): 40-44.

[4] 黄宇星. 信息技术环境下教师角色与能力结构分析 [J]. 福建师范大学学报（哲学社会科学版）, 2003, (6): 122-125.

[5] 叶澜. 新世纪教师专业素养初探 [J]. 教育研究与实验, 1998, (1): 41-46, 72.

[6] 顾明远. 教育大辞典：增订合编本 [M]. 上海：上海教育出版社, 1998: 716.

[7] 王鉴. 教学智慧：内涵、特点与类型 [J]. 课程·教材·教法, 2006, 26 (6): 23-28.

[8] 黄伟, 谢利民. 教学机智：跳荡在教学情境中的燧火 [J]. 北京大学教育评论, 2005, 3 (1): 58-62.

[9] 解继丽, 邓小华, 王清泉, 等. 教育信息化促进教学改革的保障体系研究 [M]. 昆明：云南大学出版社, 2015.

[10] 王菊平, 周优钢, 赵诗勇. 教师信息化教学知识及能力体系研究 [M]. 银川：阳光出版社, 2019.

[11] 教育部师范教育司组织. 教学人员教育技术能力标准解读 [M]. 北京：北京师范大学出版社, 2005.

[12] 王小辉, 李天龙. 高校教师信息化教学能力：发展逻辑、多元影响与提升路径 [J]. 黑龙江高教研究, 2022, 40 (10): 107-112.

[13] 刘清堂, 朱珂. 数字化学习资源与活动整合应用研究 [M]. 武汉：华

中师范大学出版社，2015.

[14] 潘新民，等. 数字化时代学生学习方式转型研究［M］. 重庆：重庆大学出版社：青年学者新媒体文丛，2019.

[15] 龙运杰. "互联网+"时代思政课程虚拟信息化教学实践：评《"互联网+"背景下信息化教学资源共建共享与服务》［J］. 科技管理研究，2020，40（6）：276.

[16] 樊忠涛. 地方高校教师信息化教学能力提升研究［J］. 教育信息化论坛，2022（6）：18-20.

[17] 周洋. 智慧教育背景下高校教师信息化教学能力提升路径研究［J］. 牡丹江教育学院学报，2021（2）：37-39.

[18] 张艳. 高校新教师信息化教学能力发展研究［D］. 南京：南京师范大学，2012.

[19] 王卫军. 教师信息化教学能力发展研究［D］. 兰州：西北师范大学，2009.

[20] 何克抗. 关于《美国2010国家教育技术计划》的学习与思考［J］. 电化教育研究，2011，32（4）：8-23.

[21] 梁林梅，刘永贵，桑新民. 高等教育信息化发展与研究论纲［J］. 现代教育技术，2012，22（1）：5-9.

[22] 蒋笃运，等. 教育信息化若干重大问题研究［M］. 北京：科学出版社，2008.

[23] 李克琳，许之民. 赋权视角下的技术变革学习：美国国家教育技术计划2017更新版之"学习"部分述评［J］. 现代教育技术，2018，28（3）：26-32.

[24] 张永军. 新加坡智慧国计划对我国基础教育信息化的启示［J］. 中国电化教育，2008（8）：30-33.

[25] 刘奕民. 新加坡教育体制［J］. 外国教育资料，1993，22（1）：1-6.

[26] 张玮，李哲，奥林泰一郎，等. 日本教育信息化政策分析及其对中国的启示［J］. 现代教育技术，2017，27（3）：5-12.

[27] 王晓辉. 法国教育信息化的基本战略与特点［J］. 外国教育研究，2004，31（5）：60-64.

[28] 马宁，周鹏琴，谢敏漪. 英国基础教育信息化现状与启示［J］. 中国电

化教育，2016（9）：30-37.

[29] 杨絮，张海，李哲. 日本大学教师教育（FD）进展及其信息化动向[J]. 中国信息技术教育，2015（22）：80-82.

[30] 周晓清，汪晓东，刘鲜. 从"技术导向"到"学习导向"：信息技术支持的学与教变革国际发展新动向[J]. 远程教育杂志，2014，32（3）：13-22.

[31] 江婕. 基于系统动力学的高校教学信息化水平提升研究[D]. 南昌：南昌大学，2015.

[32] 梁砾文，王雪梅. 中美教育信息化愿景、关注焦点与实现路径比较研究：基于我国《教育信息化"十三五"规划》和《美国2016教育技术规划》话语分析[J]. 开放教育研究，2016，22（6）：51-57.

[33] 杨体荣，吴坚. 制度变革与治理要求：粤港澳大湾区高校创新创业教育的转型升级[J]. 中国电化教育，2020（8）：63-69.

[34] 康云菲，刘宝存. 时代变局下全球高等教育的重塑与发展：基于第三届世界高等教育大会文件的分析[J]. 中国电化教育，2022（9）：43-51.

[35] 祝士明，刘帅瑶. 世界高校智能教育的发展脉络及启示[J]. 中国电化教育，2019（11）：49-59.

[36] 贾同，顾小清. 教育信息化战略比较研究：基于美、英、澳、日、新五国的国际比较[J]. 电化教育研究，2018，39（7）：121-128.

[37] 魏雪峰，李逢庆，钟靓茹. 2015年度国际教育信息化发展动态及趋势分析[J]. 中国电化教育，2016（4）：120-127.

[38] 陈巧云. 基于教师满意度的高校信息化绩效评价研究[J]. 教育学术月刊，2016（8）：31-35.

[39] 葛文双，韩锡斌. 数字时代教师教学能力的标准框架[J]. 现代远程教育研究，2017（1）：59-67.

[40] 张英杰. 高校青年教师信息化教学能力评价及提升策略[J]. 金华职业技术学院学报，2019，19（3）：1-8.

[41] 隋幸华，赵国栋，王晶心，等. 高校教师信息化教学能力影响因素实证研究：以湖南省部分高校为例[J]. 中国电化教育，2020（5）：128-134.

[42] 王彦富，王妙妙，李飞. TPACK框架下融合信息技术的教学模式研究

［J］．教育探索，2022（3）：52-55．

［43］李天龙，马力．高校青年教师信息化教学能力发展现状与对策研究：以西安地区高校为例［J］．现代教育技术，2013，23（6）：34-37．

［44］韩锡斌，葛文双．中国高校教师信息化教学能力调查研究［J］．中国高教研究，2018（7）：53-59．

［45］宋权华，于勇．高校教师信息技术素养：现状、困境与路径 以我国西部地区部分高校为例［J］．现代教育技术，2020，30（10）：78-84．

［46］谢耀辉，万坚，夏欣．高校教师TPACK对线上教学效果影响状况调查研究［J］．华中师范大学学报（自然科学版），2022，56（2）：304-310．

［47］赵磊磊，赵可云，侯丽雪，等．技术接受模型视角下教师TPACK能力发展研究［J］．教育理论与实践，2015，35（11）：25-27．

［48］顾小清，杜华，彭红超，等．智慧教育的理论框架、实践路径、发展脉络及未来图景［J］．华东师范大学学报（教育科学版），2021，39（8）：20-32．

［49］祝智庭，魏非．面向智慧教育的教师发展创新路径［J］．中国教育学刊，2017（9）：21-28．

［50］李雨潜．"互联网＋"背景下师范大学教师信息化教学能力现状调查［J］．中国大学教学，2016（7）：87-91．

［51］谢燕，张栋栋．TPACK框架下高职教师信息化教学能力的调查分析［J］．职教论坛，2019（10）：114-120．

［52］何欣忆，冯玲．混合式教学模式下的教师TPACK素养现状调查［J］．当代教育实践与教学研究（电子刊），2018（7）：877-878．

［53］刘双．双线混融模式下思政课教师教学胜任力研究［J］．福建江夏学院学报，2022，12（2）：102-109．

［54］张进良，邢贞德，杨苗，等．大学双线混融教学：内涵、因素与策略［J］．当代教育论坛，2022（2）：80-90．

［55］甘容辉．高校混合式教学法存在的问题及改进措施［J］．黑龙江高教研究，2016，34（7）：174-176．

［56］张倩苇，张敏，杨春霞．高校教师混合式教学准备度现状、挑战与建议［J］．电化教育研究，2022，43（1）：46-53．

[57] 沈欣忆,苑大勇,陈晖. 从"混合"走向"融合":融合式教学的设计与实践[J]. 现代教育技术,2022,32(4):40-49.

[58] 俞福丽. 混合式教学模式下高校教师信息化素养提升路径研究[J]. 中国大学教学,2021(3):86-90.

[59] 陈薇,黄洵,周驰岷. 基于远程教学背景下的混合式教学模式中教师胜任能力初探[J]. 天津职业院校联合学报,2015,17(7):39-43.

[60] 廖宏建,张倩苇. 高校教师SPOC混合教学胜任力模型:基于行为事件访谈研究[J]. 开放教育研究,2017,23(5):84-93.

[61] 廖喜凤. 混合式教学模式下职业院校教师的数据素养及培养路径研究[J]. 黑龙江教育(理论与实践),2020(1):67-68.

[62] 谭江蓉. 高校教师混合式教学能力分析框架及提升策略[J]. 湖北开放职业学院学报,2022,35(9):136-138.

[63] 王佳佳,张乐平. 高校混合式教学模式下专业教师教研形态转变研究[J]. 科教导刊,2022(8):62-64.

[64] 解佳龙,卢特英. 混合教学胜任力:认知变化、时代要求与形塑策略[J]. 当代教育理论与实践,2022,14(3):118-124.

[65] 杨利君. 双线混融教学模式在大学生职业生涯规划课程中的实践创新[J]. 中国成人教育,2022(8):57-60.

[66] 王鉴雪,杨兔珍,陈红梅. 推动抑或牵引:混合式课程自主学习投入的困境与破解[J]. 黑龙江高教研究,2021,39(9):156-160.

[67] 徐沛缘,郭绒. 我国教师胜任力研究:阶段、主题与前沿 基于CiteSpace的文献计量学分析[J]. 继续教育研究,2022(9):61-67.

[68] 李兆义,杨晓宏. "互联网+"时代教师专业素养结构与培养路径[J]. 电化教育研究,2019,40(7):110-120.

[69] 颜正恕. 高校教师慕课教学胜任力模型构建研究[J]. 开放教育研究,2015,21(6):104-111.

[70] 赵建民,张玲玉. 高校教师对混合式教学接受度的实证研究:基于DTPB与TTF整合的视角[J]. 现代教育技术,2017(10):67-73.

[71] Chai C S, Wang Q Y. ICT for self-directed and collaborative learning[M]. Singapore: Person Education South Asia Pte Ltd., 2010.

[72] Chai C S, Koh J H L, Teo Y H. ICT for 21st century learning[M].

Singapore: Person Education South Asia Pte Ltd. , 2015.

[73] Kirschner P A. Do we need teachers as designers of technology enhanced learning? [J]. Instructional Science, 2015, 43 (2): 309 - 322.

[74] Le numérique au service de lécole de confiance [EB/OL]. [2019 - 03 - 21]. http: //www. education. gouv. fr/cid133192/le-numerique-service-ecole-confiance. html.

[75] Broad M. Realizing the Promise of Cyberinfrastructure [J]. Educause Review, 2008, 43 (4): 4 - 5.

[76] Ainsworth S E, Honey M, Johnson W, et al. Cyberinfrastructure for Education and Learning for the Future: A vision and research agenda [R]. Washington, DC: Computing Research Association, 2005.

[77] Askteacherbot: are robots the answer? [EB/OL]. [2015 - 05 - 21]. https: //www. timeshighereducation. com/news/ask-teacherbot-are-robots-the-answer/2020326.

[78] Lipko H. Meet Jill Watson: Georgia Tech's first AI teaching assistant [EB/OL]. [2016 - 11 - 10]. https: //pe. gatech. edu/blog/meet-jill-watson-georgia-techs-first-ai-teaching-assistant.

[79] Seufert S, Scheffler N, Stanoevska-Slabeva K, et al. Teaching information literacy in secondary education: How to design professional development for teachers? [C] //Uden L, Liberona D, Feldmann B. International Workshop on Learning Technology for Education Challenges. Cham: Springer, 2016: 235 - 249.

[80] Barton R, Haydn T. Trainee teachers' views on what helps them to use information and communication technology effectively in their subject teaching [J]. Journal of Computer Assisted Learning, 2006, 22 (4): 257 - 272.

[81] Chang J H Y. Culture, state and economic development in Singapore [J]. Journal of Contemporary Asia, 2003, 33 (1): 85 - 105.